24.80
2195

Margaret McSpedden

Vom ABC-Schützen zum Teenager

D1734800

Margaret McSpedden

Vom ABC-Schützen zum Teenager

Illustrationen von Alexander Laudien

Bearbeitung durch Julei M. Habisreutinger

BEUST Verlag

Deutsche Bibliothek Einheitsaufnahme – Cip-Einheitsaufnahme
MacSpedden, Margaret:
Vom ABC-Schützen zum Teenager: Kinder zwischen 5 und 11 / Margaret
MacSpedden. Ill. von Alexander Laudien. [Übers. aus dem Engl.: Heino Nimritz]. –
München: Beust, 1994
 (KidsWorld)
 Einheitssacht.: Your Child from 5 to 11 <dt.>
 ISBN 3-89530-001-2

© Copyright Margaret McSpedden
Titel der englischen Originalausgabe:
Your Child from 5 to 11
Zuerst erschienen in Sydney, Australien, bei Bay Books
Deutsche Ausgabe erschienen mit Genehmigung von
Bay Books, einem Imprint von HarperCollins
(Australia) Pty Limited

© 1994 der deutschen Ausgabe:
Beust Verlag GmbH, München
Alle Rechte vorbehalten. Reproduktionen, Speicherung
in Datenverarbeitungsanlagen, Wiedergabe auf
elektronischen, fotomechanischen oder ähnlichen
Wegen, Funk und Vortrag – auch auszugsweise – nur
mit Genehmigung des Copyrightinhabers.

ILLUSTRATIONEN: Alexander Laudien
ÜBERSETZUNG AUS DEM ENGLISCHEN: Heino Nimritz
BEARBEITUNG DER DEUTSCHEN AUSGABE: Julei M.
Habisreutinger
UMSCHLAGDESIGN: Reinert & Partner, München
LAYOUTDESIGN, SATZ UND PRODUKTION: GAIA Text,
München
DRUCK: Schauenburg Graphische Betriebe, Schwanau-
Allmannsweier

ISBN 3-89530-001-2

Printed in Germany

Inhalt

Schlagwortverzeichnis

Weitere Suchbegriffe finden Sie im Register auf den Seiten 198–199

Vorwort

Wenn Sie aus Ihren Fehlern gelernt haben, ist es oft zu spät: Die Kinder sind erwachsen geworden

Ich nehme an, daß Sie dieses Buch lesen, weil Sie Kinder unter zwölf Jahren haben oder aus einem anderen Grund an dieser Altersgruppe interessiert sind. Ich bin es auch, und deshalb habe ich mich ans Schreiben dieses Buches gemacht. Als Mutter von zwei Kindern unter zwölf habe ich immer zwischen dem Schuldgefühl geschwankt, daß ich nicht genug tue, und der Selbstversicherung, daß sie auch ohne mein Zutun aufwachsen werden. Und wahrscheinlich ist eine wohlwollende Vernachlässigung immer noch besser als ständiges Sichsorgen und unablässiger Druck. Nicht wenige Eltern fragen sich, was sie von ihrem Nachwuchs während dieser wichtigen und interessanten Jahre zu erwarten haben. Und da die Familien heute immer kleiner werden, machen sich viele Eltern noch mehr Sorgen, was aus den ein oder zwei Kindern werden soll, die sie haben. Leider ist es jedoch so, daß es, wenn man schließlich aus den eigenen Fehlern gelernt hat, meistens zu spät ist: Die Kinder sind erwachsen geworden.

Als engagierter Elternteil machte ich mich deshalb auf die Suche nach einem Buch, das mir helfen würde, einige der üblichen Fehler zu vermeiden. Ich fand aber wenig, was wirklichen Gebrauchswert hatte. Über Geburt und frühe Kindheit gibt es viele Bücher (einige davon haben Sie sicher schon gelesen), doch über die fragliche Altersgruppe zwischen fünf und elf kaum etwas.

Allenfalls wird dieser Altersgruppe einmal ein Kapitel in Büchern gewidmet, die nebenbei bemerkt, jedem Monat des Neugeborenendaseins einen eigenen Abschnitt zuweisen. Dem Angebot nach zu urteilen, scheint es so, als ob in der Zeit zwischen Einschulung und den Pubertätsjahren nichts Berichtenswertes in der Entwicklung von Kindern passieren würde.

Deshalb wollen wir uns in diesem Buch die wunderbaren Jahre ansehen, in denen die Kinder besonders ihr intellektuelles Vermögen und ihre Unabhängigkeit stark fortentwickeln. Es macht riesigen Spaß, mit ihnen alle Fragen des Lebens zu diskutieren und zu erleben, welch originelle Erklärungen sie für alles und jedes parat haben. Und wir werden sehen, daß jedes Kindesalter für die Eltern seine freudigen und herausfordernden Seiten hat.

Dabei werden wir bemerken, daß wir Eltern nicht die Aufgabe haben, unsere Kinder zu einem bestimmten Verhalten zu zwingen, sondern sie – auch durch unser eigenes Vorbild - zu ermutigen, ihr Verhalten an den Notwendigkeiten des Lebens selbst auszurichten. Es ist so, als ob Sie ein Gärtner wären und die Kinder die Blumen (der Erfinder des Begriffs „Kindergarten" hat dieses Verhältnis sehr schön eingefangen). In jedem von ihnen zeigt sich die Lebenskraft, und jedes ist anders, auch wenn sie sich in vielem gleichen. Es liegt an Ihnen, die Blüte zu fördern, den Wildwuchs zu kappen und die Wurzeln zu nähren. Wenn Sie das geduldig, großzügig, freudig und liebevoll tun, werden Sie sicher mit einem üppigen Garten gesegnet sein.

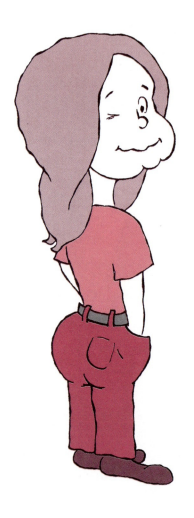

Einführung

Was ist „normal"?

Die meisten Eltern machen sich Gedanken oder sogar Sorgen, ob sich ihr Kind auch „normal" entwickelt. Daher stellen sie Vergleiche mit Schulkameraden, Nachbarskindern oder verwandten Kindern an. Doch führen diese Vergleiche in der Regel zu keinem Ergebnis. Denn wer kann wissen, ob das Vergleichskind überhaupt „normal" ist?

Es gibt zwar allgemeine Indikatoren, was man von einem Kind in einem bestimmten Entwicklungsstadium erwarten kann, doch die Bandbreite dessen, was als „normal" zu gelten hat, ist sehr groß. Der Begriff „normal" ist deshalb wenig hilfreich: Deutliche Größen- oder Gewichtsunterschiede zum Beispiel sind nämlich ebenso „normal" wie unterschiedlich ausgeprägte Fähigkeiten des Lesens, Buchstabierens, Schreibens oder des Sporttreibens.

Wenn Julian zum Beispiel mit fünf Jahren schon vier neue Zähne hat, während die siebenjährige Belinda noch ein perfektes Milchzahngebiß zeigt, so kann man beide Kinder als „normal" bezeichnen, lediglich ihr Zahnungsprozeß verläuft schneller bzw. langsamer als dies beim Durchschnitt der Kinder dieses Alters der Fall ist.

Weiter hängt die Größe eines Kindes nicht nur vom Alter, sondern von vielerlei Faktoren ab: beispielsweise von der Erbanlage, der gesundheitlichen Verfassung und der Ernährung. Das Kind kleiner Eltern zum Beispiel wird vermutlich zu einem kleineren Erwachsenen heranwachsen als ein Kind großer Eltern (Ausnahmen sind aber keineswegs ausgeschlossen!).

Einige Kinder wachsen in der Altersphase zwischen fünf und elf besonders schnell und überragen bald ihre Klassenkameraden, andere wiederum langsamer, machen aber diesen Unterschied als Jugendliche oft wieder wett. Im Ver-

gleich zur frühen Kindheit mit ihren starken Entwicklungs-
schüben, wachsen die Kinder zwischen fünf und elf Jahren
im allgemeinen jedoch relativ langsam. Wahrscheinlich ist,
daß sie im Zeitraum zwischen fünf und elf jährlich rund
sechs Zentimeter wachsen und etwa dreieinhalb Kilo
zunehmen. Für die Gewichtszunahme ist in der Regel der
Muskelzuwachs (weniger der Fettzuwachs) verantwortlich,
daher werden Kinder in dieser Altersphase zunehmend
stärker und schneller und entwickeln eine gute Körperkon-
trolle. Erst im Jugendlichenalter setzt wieder ein Abschnitt
schnelleren Wachstums ein.

Alters- und Entwicklungsphasen

Welches sind nun die allgemein anerkannten Veränderungen, die das Leben der Kinder in der hier behandelten
Altersphase bestimmen? Als Eltern fällt es uns oft schwer,
irgendeine Veränderung in unseren Kindern festzustellen.
Erst wenn wir zurückschauen und uns erinnern, welche
Fähigkeiten sie bis vor kurzem noch nicht oder schon
beherrschten, fällt uns eine Veränderung auf. Manchmal
bedarf es eines Fotos, um uns bewußt zu machen, wie stark
sie sich sogar innerhalb kurzer Zeit verändert haben.

Die Psychologie betont heute nicht so sehr das Alter, sondern begreift die Entwicklung von Kindern vielmehr in
Phasen, um den Unterschieden zwischen den Kindern des-
selben Alters gerecht zu werden. Allerdings gibt es keine
Übereinstimmung darüber, was diese Phasen beinhalten,
noch, was sie wirklich für die Entwicklung des Kindes
bedeuten. Deshalb will ich auch nicht auf all die unterschiedlichen Meinungen eingehen, sondern folge im
wesentlichen der Theorie von Piaget (1896–1980, einer der
Hauptvertreter der Entwicklungspsychologie – Genfer
Schule –, befaßte sich v. a. mit der Entwicklung der „kogni-

tiven" Strukturen beim Kind sowie mit erkenntnistheoretischen Fragen, „Le language et la pensée chez l'enfant" 1923, „La psychologie de l'enfant", 1966, mit Bärbel Inhelder u.v.a.), um das Verhalten von Kindern in bestimmten Altersphasen zu zeigen.

Piagets Theorie findet noch am häufigsten Anerkennung. Piaget nimmt an, daß sich Kinder bis etwa sieben Jahre „vooperational" verhalten.

Sie sehen die Dinge so, als ob sie nur einer von zwei Dimensionen zugehörig seien, als entweder gut oder schlecht, als entweder richtig oder falsch. Sie sind weder in der Lage, im voraus richtig einzuschätzen, was sich aus einer gegebenen Situation entwickelt, noch einen Prozeß zurück zum Ausgang zu verfolgen. Diese Art zu denken verleiht ihnen eine ziemlich starre Sicht der Welt und der sie bestimmenden Mechanismen.

Kinder zwischen sieben und elf dagegen denken auf einer „konkret-operationalen" Ebene. Sie sind weniger starr im Denken als die Jüngeren. Sie können nun eine Abfolge von Ereignissen richtig durchdenken und auch Schritt für Schritt zum Ausgang zurückverfolgen.

Kinder im Alter ab elf Jahren schreiten, nach Piaget, voran zur Ebene des „formal-operationalen" Denkens, die sich bis ins Erwachsenalter erstreckt und von logischen, kreativen und abstrakten Denkprozessen geprägt ist.

Gesellschaftliche Verhältnisse

Nicht zuletzt die gesellschaftlichen Verhältnisse geben heute den Eltern viel mehr Probleme auf. Über den Einfluß des Fernsehens zum Beispiel wird seit langem eine kontroverse Debatte geführt. Dessen ungeachtet, schauen heute fast alle Kinder fern, und viele Eltern fragen sich, ob das überhaupt richtig ist oder zumindest, wieviel Fernsehen zuviel Fernsehen ist.

Auch Gefahren wie Jugendarbeitslosigkeit, Drogenmißbrauch, zunehmende Kriminalität und Gewalt stellen Eltern heute auf die Probe. Denn kein Elternpaar wird wollen, daß die Kinder zu Drogenabhängigen heranwachsen, die auf Diebstahl angewiesen sind, um zu überleben.

Wenn Sie aber ein klares Verständnis davon haben, was Sie von Ihren Kindern während dieser wichtigen frühen Jahre ihres Lebens zu erwarten haben, wird es Ihnen auf gute Weise gelingen, die Entwicklung Ihrer Kinder zu unterstützen. Ihre Aufgabe wird schon allein dadurch leichter, daß Sie etwa die Rolle von Freunden im Leben Ihrer Kinder besser einzuschätzen wissen, Ihnen klar wird, wie Sie am besten in Schulfragen helfen, wie Sie für Disziplin sorgen und welchen Sport oder Freizeitbeschäftigung Sie empfehlen können.

Achtung der Kinderbedürfnisse

Daß Karli mit 18 noch am Daumen lutscht, brauchen Sie nicht zu befürchten, daher lassen Sie ihn mit acht Jahren ruhig lutschen, und hören Sie nicht auf die wohlgemeinten Ratschläge von Verwandten und Freunden mit „perfekten Kindern"!

Denken Sie als Eltern an Ihren großen Startvorteil! Denn Sie lieben Ihre Kinder, sind sehr vertraut mit ihnen, machen sich unaufhörlich Gedanken über die Entwicklung Ihrer Kinder und schmieden Pläne für deren Zukunft. Wichtig finde ich, daß Eltern ihre Kinder nicht nur lieben, sondern sie auch achten. Denn Kinder haben Bedürfnisse, Ängste und Wünsche, die man in gleicher Weise respektieren muß wie die anderer Personen. Gerade wenn es zum Beispiel

darum geht, eine schwierige Entscheidung zu fällen – auch wenn die endgültige Entscheidung nicht immer so ausfällt, wie die Kinder es sich wünschen.

Oft überrascht es mich, wenn ich in Anwesenheit meiner Kinder gefragt werde, was diese haben möchten. Die Kinder sind sehr wohl in der Lage, für sich selbst zu anworten und können ihre Bedürfnisse durchaus richtig einschätzen und formulieren.

Keine Patentrezepte

Daß es, wie gesagt, so wenig Bücher über die Fünf- bis Elfjährigen gibt, liegt vielleicht auch daran, daß Kinder in diesem Alter oft mehr Vergnügen als Probleme machen. Daher wird ihnen in der Regel so wenig professionelle Aufmerksamkeit geschenkt.

Doch die Zeiten ändern sich. Die Probleme häufen sich. Eltern von heute leben bewußter, machen sich mehr Gedanken über ihre Kinder und fragen sich häufiger, wie sie am besten mit ihrem Nachwuchs umgehen, sich auf ihn einstellen und verstehen können.

Und bevor Sie im anstrengenden Alltag mit Ihren Kindern den Kopf und die Nerven verlieren, sollten Sie einen Blick auf die vielen praktischen Tips werfen, die zu allen großen und kleinen Problemen gegeben werden. So wichtige Aspekte wie die Geschlechterrollen, Schulfragen oder das schwierige Kapitel über Strafen und Belohnen finden Sie altersübergreifend dargestellt.

Ebenfalls im Überblick wird der Stellenwert von Freundschaften zwischen Kindern, die Möglichkeiten einer sinnvollen Freizeitgestaltung und der richtige Umgang mit elektronischen Spielen, Videos und Computern behandelt.

Überraschenderweise gibt es immer wieder viele Eltern, die glauben, sie allein wären von so weitverbreiteten Schwierigkeiten wie zum Beispiel Bettnässen, Legasthenie oder Hyperaktivität u. a. betroffen. Aus den umfassenden Informationen zu diesen heute so häufigen Problemen können Sie als Eltern ersehen, daß Sie und Ihre Kinder nicht allein mit diesen Schwierigkeiten zu kämpfen haben.

An dieser Stelle sei darauf hingewiesen, daß es *keine Patentrezepte* gibt, keine allgemeingültigen Regeln, die auf alle Eltern und Kinder zutreffen. Sie und Ihre Sprößlinge sind eigenständige, individuelle Persönlichkeiten, und deshalb schlage ich vor, daß Sie alle Aussagen dieses Buches aus Ihrer ganz persönlichen Perspektive heraus lesen und beurteilen.

Genießen Sie alle Phasen Ihrer Kinder!

Seien Sie sich bewußt, daß die Zeit wie im Fluge vergeht. Morgen schon haben sich Ihre Kinder wieder verändert auf dem unaufhaltsamen Weg hinaus in die Welt. Freuen Sie sich an ihnen, so lange Sie es können, warten Sie nicht, bis „diese Phase vorbei ist" – sie kommt nie wieder!

Freunden Sie sich jetzt mit ihnen an, damit Sie auch in Zukunft ein festes Fundament für eine gute Beziehung zu ihnen haben.

„Fünf Jahre bin ich schon alt. Und nächstes Jahr komme ich in die Schule!"

Wunderbare Fünfer

Kleine Leute ganz groß

„Typisch fünf ... "!

Wenn Sie einem Fünfjährigen begegnen und eine Unterhaltung beginnen, wird er Ihnen sofort erzählen, daß er fünf Jahre alt ist. Dieses Alter ist wirklich ein Meilenstein in der Kindesentwicklung. Die Fünfjährigen haben in den wenigen Jahren, die sie auf der Welt sind einen langen Weg zurückgelegt: Sie wissen, wer sie sind, mit wem sie verwandt sind, was sie mögen und nicht mögen, wer ihre Freunde sind und was ihnen Spaß macht.

Freuen Sie sich an Ihren Fünfjährigen, so lange es geht. Nur zu bald werden sie zu Sechsjährigen, und die legen ein ganz anderes Verhalten an den Tag.

Rat und Tat für jeden Tag

Essen und Trinken 🍴

Fünfjährige können ohne Hilfe essen, wenn man ihnen auch beim Schneiden weiterhin behilflich sein muß.

Die Mahlzeiten können sich ziemlich lange hinziehen, dafür essen die Fünfjährigen jetzt meist alles auf und freuen sich über einen „sauberen" Teller. Kleinere Portionen helfen wenig, das Essen zu beschleunigen, weil sie einen guten Appetit entwickelt haben. Ihr Körper braucht jetzt mehr Nahrung, um mit den zusätzlichen Anforderungen im Kindergarten und anstrengenderen Tätigkeiten fertigzuwerden.

☀ Belegte Brote und ein paar Obststückchen sind als Pausenbrot für den Kindergarten am einfachsten (wenn es dort nichts zu essen gibt).

19

🕴 Anziehen und Kleidung

Obwohl die Fünfjährigen sich selbst anziehen können und das auch gerne tun, wenn die Kleider für sie zugänglich aufbewahrt werden, kommt es schon noch vor, daß sie die Sachen verkehrt herum anziehen: Innenseite nach außen, Rückenseite nach vorne und so weiter.

Einige der Fünfjährigen können schon ihre Schuhe zubinden, die Mehrheit braucht aber noch Hilfe dabei. Praktisch sind natürlich Schuhe mit Klettverschluß. Zuweilen haben sie noch Schwierigkeiten, für den jeweiligen Schuh auch den dazugehörigen Fuß zu finden.

☀ In diesem Alter ist es weiterhin besser, Kleidung zu kaufen, die sich einfach überziehen läßt und möglichst wenig Knöpfe oder Reißverschlüsse hat. Jogginganzüge, Überziehshorts (nichts gegen Lederhosen!), Jeans, Polohemden und T-Shirts eignen sich am besten.

20

Baden

Fünfjährige können problemlos schon allein baden. Es ist auf jeden Fall sinnvoll, daß ein Elternteil in der Nähe des Badezimmers bleibt, um das Waschen aller Körperteile voranzubringen und auch beim Haarewaschen zu helfen.

Sonst mögen am Ende zwei wunderbar saubere Knie, aber ein weiter mit Patina überzogenes Gesicht dem Schaum entsteigen.

Toilette

Fünfjährige sind meistens in der Lage, die Toilette ohne Hilfe zu benutzen. In der Regel erkennen sie die Zeichen frühzeitig, manchmal aber sind sie so in das vertieft, was sie gerade tun, daß sie den Wettlauf zur Toilette verlieren und etwas daneben geht. Nach der Toilette vergessen sie manchmal, Toilettenpapier zu benutzen, man tut also gut, sie daran zu erinnern. Das Reinigen nach der Toilette sollte

21

man trainieren, da Sie nicht immer in der Nähe sind (zum Beispiel im Kindergarten), um ihnen zu helfen.

 Eine Ersatzgarnitur im Kindergartenbeutel ist immer eine gute Idee.

Fünfjährige halten nicht immer die ganze Nacht durch. Um ihnen das Herumwandern im Dunkeln auf der Suche nach der Toilette zu ersparen (oder Ihnen das Aufstehen!), ist es sinnvoll, einen Nachttopf und eine schwache Lichtquelle im Zimmer zu belassen.

Spaß und Spiel

Fünfjährige spielen sehr gerne mit anderen Kindern, vor allem, wenn sie im selben Alter sind. Sie mögen es auch, wenn Sie ihnen vorlesen. Wenn man ihnen die Gelegenheit gibt, tun sie so, als ob sie ein Buch „lesen". Sie beginnen auch, Buchstaben zu schreiben, anfangs meist solche, die mit dem eigenen Namen zu tun haben. Stimmen Sie sich mit dem Kindergarten ab, wie dort die Buchstaben geschrieben werden, falls Sie auch zu Hause schon ein wenig üben wollen.

Lob und Tadel

Fünfjährige haben es gar nicht gerne, wenn sie für etwas, was sie angestellt haben, zur Rechenschaft gezogen werden. Sie werden versuchen, jedem anderen, der sich gerade in der Nähe befindet, die Schuld in die Schuhe zu schieben.

Grundsätzlich hat es wenig Zweck, mit ihnen darüber zu diskutieren. Man muß sich einfach damit abfinden, daß sie erst, wenn sie etwas älter sind, bereit sein werden, die Verantwortung zu übernehmen. Allenfalls kann man versuchen, solche Vorkommnisse zu vermeiden.

Fünfjährige sind noch in der bereits erwähnten „voroperationalen" Phase und können sozusagen ihre Schuld oder

Verursacherrolle nicht „einsehen". Wenn sie glauben, daß der Unfall nicht ihre „Schuld" war, dann muß es die Schuld von jemand anderem gewesen sein. Für sie ist alles schwarz oder weiß, gut oder schlecht, es gibt keine Zwischentöne, keine Grauzonen.

Diese Art zu denken hat auch ganz allgemeine Implikationen: Wenn Sie in der unten gezeigten Szenen einen Satz

„Bettina, da hast du aber eine schöne Bescherung angerichtet. Die ganze Milch ist ja verschüttet!"

„Das war nicht meine Schuld."

„Aber natürlich war es deine Schuld. Kannst du nicht besser aufpassen?"

„Aber ich hab' doch bloß versucht, mir ein Glas einzuschenken!"

„Hast du mich gefragt, ob ich dir dabei helfe?"

„Du bist schuld. Ich wollte dich fragen, weil ich Angst hatte, etwas zu verschütten, aber du hast so lange am Telefon gebraucht."

„Tut mir leid. Warte halt das nächste Mal etwas länger und ruf mich, bevor du das noch mal versuchst."

wie „Du böses Mädchen, schau nur, was du da angestellt hast!" äußern, hätte das zur Folge, daß die Fünfjährige glaubt, sie selbst sei bösartig, nicht etwa ihr Verhalten. Deshalb ist es wichtig, daß Sie Ihre Kommentare sachlich neutral fassen und Ihre Kritik nicht mit persönlichen „Attributen" oder „Du-bist-Botschaften" verbinden. Das Kind soll lernen, daß nur ein bestimmtes Verhalten „böse" ist, im übrigen soll es aber weiterhin das Gefühl haben, es sei „gut".

🐸 Geschwisterstreit

Fünfjährige liegen sich auch öfters mit ihren älteren Geschwistern wegen ihrer Denkweise in den Haaren. Die

„Mami, Matthias ärgert mich die ganze Zeit."

„Matthias, was ist denn los?"

„Sie ist so dumm. Ich hab' ihr erklärt, was richtig ist, sie will es aber nicht einsehen."

„Du weißt doch, daß sie diese Dinge noch nicht versteht, laß sie also in Ruhe. Du und ich, wir wissen, wie es wirklich ist, und das alleine zählt."

„Ja klar, Mami, ich glaub' aber trotzdem, daß sie dumm ist."

älteren sehen bereits die Alternativen zu bestimmten Situationen und versuchen die Fünfjährigen davon zu überzeugen, daß sie falsch liegen. Es ist besser, den Älteren davon zu überzeugen, daß der Jüngere den Unterschied noch nicht verstehen kann, und daß der Ältere dem Rechnung tragen sollen.

Manieren

Fünfjährige entwickeln bereits ein Verständnis für Manieren, obwohl es ihnen oft noch nicht gelingt, sie von sich aus an den Tag zu legen.

Um das zu fördern, könnte man zum Beispiel das Spiel mit einer „Manieren-Schachtel" versuchen. Wenn Sie wollen, daß Ihre Fünfjährigen sich besser als gewöhnlich aufführen, dann sagen Sie einfach, sie sollen die Manieren aus der „Manieren-Schachtel" holen. Und wenn sich die Kinder dann wie gewünscht betragen haben, können sie die „Manieren wieder in die Schachtel tun" – bis sie wieder gebraucht werden.

Aufklärung

Fünfjährige können sehr zärtlich sein und lieben das Busseln und Umarmen seitens beider Elternteile. Wenn sie zum Beispiel einen schlechten Traum gehabt haben, kommen

25

„Wo komm' ich bloß her?"

sie gerne noch einmal zu Ihnen ins Bett, um sich sicher zu fühlen. Sie umarmen auch gerne kleinere Kinder und glauben ganz allgemein, daß Babies wunderbar sind. Auch wenn sie bereits wissen, daß Babies im Bauch der Mutter heranwachsen, so sind sie noch nicht besonders daran interessiert, herauszufinden, wie sie da hineingekommen sind. Wenn Kinder Fragen über Babies stellen und woher sie kommen, ist es gut, genau zuzuhören, um herauszufinden, was sie wirklich wissen wollen.

Manche Eltern machen sich gleich an eine detaillierte Beschreibung der menschlichen Anatomie, obwohl das Kind lediglich wissen wollte, woher die Nachbarn von nebenan ihr neues Baby bekommen haben.

☀ **Beantworten Sie jede Frage so ausführlich, wie Sie können, ohne jedoch die Verständnisfähigkeit Ihres Kindes zu überschätzen.**

Wenn Sie es noch nicht getan haben, ist es an der Zeit, sich zu entscheiden, welche Bezeichnungen Sie für die Genitalien wählen wollen. Nach ein paar Jahren können sich die Ausdrücke aus der Kindersprache recht lächerlich anhören. Penis und Vagina klingen zwar nicht besonders attraktiv, doch für die Kinder sind das Worte wie alle anderen auch.

Sprachentwicklung

Mit dem Erlernen von mehr und mehr Worten und der Fähigkeit, diese zu verbinden, werden die Fünfjährigen zu großen Rednern. Manchmal haben sie aber Schwierigkeiten, alles, was sie sagen wollen, herauszubekommen.

☀ Es ist besser, die Kinder aussprechen zu lassen – auch wenn es hie und da noch hapert –, anstatt zu versuchen, helfend beizuspringen und Formulierungsvorschläge zu bringen.

„Mami, heute war ein toller Tag in der Schule."

„Was ist denn passiert, was soviel Spaß gemacht hat?"

„Na, du weißt schon, äähh, mmhh, wie heißt sie noch, die äähh …?"

„Susanne?"

„Nein, na du weißt schon, die äähh …"

„Maria?"

„Ooch, ich weiß' nicht mehr. Ich geh' in mein Zimmer."

„Aber wolltest du mir nicht erzählen, was heute passiert ist?"

„War nicht so wichtig …"

Im Alter zwischen fünf und elf gehen im Mund der Kinder
große Veränderungen vor sich. Zunächst verlieren sie die
vorderen Milchzähne, was ihnen für ein oder zwei Jahre
ein grinsendes Zahnlückengesicht verleiht. Ab sechs wachsen auch die zweiten Backenzähne nach.

☀ In dieser Zeit ist es wichtig, regelmäßig den Zahn-
arzt aufzusuchen. So können Fehlentwicklungen im
Gebiß frühzeitig erkannt – und spätere, meist lang-
wierige und unangenehme Korrekturen mit einer
Zahnspange vermieden werden.

Problem: Bettnässen

Enuresis – so der medizinische Fachausdruck für das Bettnässen – ist für die Kinder nicht nur unangenehm, sondern
auch peinlich, zum Beispiel, wenn sie auswärts bei Freunden übernachten. Tagsüber können sie die Blase kontrollieren, nachts aber nicht.

Die Eltern können versuchen, nächtens am Bett zu
wachen und das Kind vor dem Bettnässen auf den Pott zu
bringen, oder aber (was wohl die Regel ist) sie sind mit
konstanter Bettwäsche- und Matratzenreinigung befaßt. Und
sie machen sich Sorgen, wie ihr Kind das Problem verkraf-
tet und wie oder ob man überhaupt noch auswärts nächti-
gen kann.

Es gibt zwei Kategorien von Gründen für das Bettnässen:
Zum einen die primäre Enuresis, die sich auf Kinder
bezieht, die noch nie die Nacht trocken überstanden
haben, und die sekundäre Enuresis, die sich auf Kinder
bezieht, die zwar schon trocken waren, später aber wieder
Bettnässerrückfälle haben.

Primäre Enuresis

Die Hauptursache für die primäre Enuresis ist eine Entwick-
lungsverzögerung des Kindes, was ganz einfach heißt, daß
einige Kinder länger brauchen als die meisten anderen, bis
sie gelernt haben, ihre Blase in der Nacht zu kontrollieren:
Manche Zweijährige können das schon, manche Achtjährige noch nicht. Während des Grundschulalters entwickeln
die meisten Kinder die nächtliche Blasenkontrolle, d. h., die
meisten Kinder wachsen früher oder später aus dem Bettnässen heraus (wobei die Zeitspanne sehr groß ist), ohne
daß es einer besonderen Behandlung bedürfte. Andere hingegen bedürfen der Hilfe.

Sekundäre Enuresis

Die sekundäre Enuresis kann einfach auf vermehrtes Trinken vor dem Zubettgehen zurückzuführen sein. Und wenn

es sich um vereinzelte Vorfälle handelt, gibt das keinen Anlaß zur Sorge. Oft erleiden Kinder, die gerade ein Geschwisterchen bekommen haben, Rückfälle, da sie dann auch wie das neuangekommene Baby behandelt werden wollen.

☀ **Stellen sich jedoch die Rückfälle regelmäßig ein, ist es sinnvoll, etwas zu unternehmen, bevor das Selbstbewußtsein des Kindes Schaden nimmt.**

Zunächst einmal sollte man einen Arzt aufsuchen, um feststellen zu lassen, ob der Bettnässerei nicht eine körperliche Ursache zugrunde liegt. Anschließend wird der Arzt eine von mehreren Therapieformen empfehlen.

Drei Therapiearten

Folgende Therapiearten werden gemeinhin angewandt: medikamentöse Therapie, Klingeltherapie und Verhaltenstherapie.

Die medikamentöse Therapie

Diese greift in den Körper der Kinder ein und verhindert eine frühzeitige Blasenreaktion auf einfließende Flüssigkeit. Die auf dem Markt befindlichen Medikamente können jedoch zu Nebenwirkungen wie Wutanfällen führen, weshalb die anderen beiden Therapieformen vorzuziehen sind.

Die Klingelmethode

Bei der Klingelmethode löst eine feuchtigkeitsempfindliche Matratzenauflage eine Klingel aus, die das Kind weckt und ihm ermöglicht, sein Geschäft auf dem Topf oder der Toilette zu Ende zu bringen. Das funktioniert in der Regel recht gut, vor allem bei Kindern, die mit sekundärer Enuresis zu kämpfen haben.

Die Verhaltenstherapie

Diese beruht auf einer genauen Überwachung des Kindverhaltens, damit die Ursachen identifiziert und beseitigt werden können. Das Bettnässen kann durch bestimmte Nahrungsmittel, Allergien, Flüssigkeiten oder besondere Aktivitäten vor dem Schlafengehen ausgelöst werden. Hat man die Ursache gefunden, ist das Bettnässen meist ohne weitere Probleme zu beseitigen.

☀ Die Therapie kann mit einem Belohnungssystem verbunden werden, etwa in der Art, daß jede trockene Nacht, die auf bestimmten Bedingungen beruht (zum Beispiel keine Getränke nach 19 Uhr), belohnt wird. Irgendwann wird die trockene Nacht dann selbst zur Belohnung.

Thema: Geschlechterrollen

„Jungen sind anders als Mädchen": Sind sie das wirklich, oder ist diese Aussage nur ein Ergebnis von Erwartungen und Vorurteilen? Offensichtlich gibt es einige grundsätzliche Unterschiede, doch abgesehen davon? Es lohnt sich, einmal zu beleuchten, auf welchen Gebieten sie sich unterscheiden und warum es sich so verhält.

Anlage oder Umwelt?

Die Ansichten in dieser Frage sind naturgemäß geteilt. Die einen sind der Auffassung, daß männliches oder weibliches Verhalten angeboren ist, die Unterschiede also im Augenblick der Zeugung beginnen. Die andere Ansicht betont den Umweltaspekt, die Rollenmodelle, die wir erleben, die Behandlung, die wir erfahren. Eine dritte Richtung nimmt an, daß es eher eine Interaktion beider Faktoren sei – also

31

des angeborenen und des erlernten Verhaltens –, die uns zu jenem typischen Rollenverhalten veranlaßt, die heute an Männer und Frauen gestellt werden.

Leider wird die Debatte meist antagonistisch geführt, und die Argumente der Gegenseite werden nicht in die eigene Ansicht mit einbezogen. Sie werden sich fragen: „Spielt das überhaupt eine Rolle?" In der Tat wäre der Streit bedeutungslos, wenn Männer und Frauen als gleichwertig angesehen würden. Das ist jedoch in unserer Gesellschaft nicht der Fall. Es ist immer noch höherwertig, ein Mann zu sein oder männliche Tätigkeiten auszuüben.

Geschlechtstypisches Verhalten

Manches Verhalten wird als geschlechtstypisch angesehen. Das heißt, dieses Verhalten wird typischerweise von einem

Geschlecht öfter an den Tag gelegt als vom anderen. Das berühmte Beispiel: Puppen. Mädchen spielen typischerweise lieber mit Puppen als Jungen. Diejenigen, die die Auffassung vertreten, solches Verhalten sei angeboren, werden sagen, daß Mädchen natürlicherweise mit Puppen spielen, Jungen aber nicht. Die anderen glauben, daß Mädchen deshalb mehr mit Puppen spielen als Jungen, weil ihnen die Puppen in die Hand gedrückt werden; Jungen andererseits werden nicht ermutigt, mit Puppen zu spielen – im Gegenteil, sie werden im Regelfall sogar entmutigt:

„Komm mit Maria, spiel mit deinen Barbie-Puppen."
„Ich will aber Lego spielen."
„Nein, Patrick spielt mit den Lego-Steinen. Laß ihn in Ruhe und spiel mit deinen Puppen."

Einstellung der Eltern

Jungen werden viel häufiger als Mädchen ermutigt, mit Lastwagen, Baukästen und Bausteinen zu spielen. Was angeboren ist oder nicht, verwischt sich also sehr bald. Die Geschlechtsstereotype der Eltern, also ihre Einstellung zu dem, was für Mädchen oder Jungen als angemessenes Verhalten anzusehen ist, trägt dazu bei, daß sich die Unterschiede weiter ausprägen.

Von Geburt an, wenn nicht schon vorher, gehen Eltern mit Mädchen anders um als mit Jungen und umgekehrt. Untersuchungen haben gezeigt, daß Eltern ihre männlichen Babies als stärker und intelligenter einschätzten als ihre im übrigen gleichen – gleiches Gewicht, Größe, gleicher ärztlicher Befund – weiblichen Babies. Diese wurden eher als schwach und zart eingeschätzt, und das schon ein paar Stunden nach der Geburt. Stellen Sie sich vor, wie stark diese Grundhaltung der Eltern Wirkung gezeigt hat, wenn der Nachwuchs fünf Jahre alt geworden ist.

33

Kindliche Sichtweise

Zwischen fünf und sieben erst entwickeln hingegen die Kinder geschlechtstypische Sichtweisen, d.h. erkennen einen Mann als Mann und eine Frau als Frau, unabhängig von Haartracht, Kleidung und so weiter. Vorher werden sie stark von der äußeren Erscheinung beeinflußt. Ihre rigide Sichtweise läßt sie einen Mann mit langem Haar als Frau und eine Frau mit kurzem Haar als Mann einordnen.

„Mami, warum sagst du, daß Eckart kein Mädchen ist?"
„Weil er kein Mädchen ist, Liebling."
„Er schaut aber aus wie ein Mädchen."
„Weshalb meinst du das?"
„Na, sie hat echt lange Haare."
„Aber Jungen können ihr Haar auch lang wachsen lassen, wenn sie das wollen. Und außerdem trägt er kein Kleid."
„Nein, ein Kleid hat er nicht an."
„Er ist eben ein Junge."
„Ich trage aber auch nicht immer Kleider. Werde ich deshalb später zu einem Jungen?."
„Nein, Julia, das wirst du nicht."

Tatsächliche Unterschiede

Jungenhaftes Verhalten

Jungen sind tendenziell aggressiver als Mädchen. Das kann daran liegen, daß die Aggressivität den Jungen angeboren ist, oder daran, daß es allgemein als in Ordnung angesehen wird, wenn sich Jungen angriffslustig verhalten, während den Mädchen erklärt wird, aggressives Verhalten sei gar nicht damenhaft.

Doch unabhängig davon, was nun die Ursache ist: Es gibt Unterschiede.

34

Als Mutter von Töchtern muß ich gestehen, daß mich das wilde Gebaren von Jungen immer wieder überrascht. Für befreundete Eltern mit Söhnen scheint es ganz selbstverständlich zu sein, daß diese sich sehr körperlich, aggressiv und herausfordernd im Spiel mit anderen verhalten.

Jungen haben mehr Probleme, sich in den Schulalltag einzupassen. Das liegt vermutlich daran, daß Mädchen eher das erwünschte aufmerksame und ruhige Verhalten an den Tag legen als Jungen, die ununterbrochen etwas unternehmen möchten.

Mädchenhaftes Verhalten

Lehrer tendieren dazu, den Mädchen positiver gegenüberzutreten, einmal, weil die Mädchen diese Reaktion herbeiführen wollen, zum anderen weil Mädchen eher den Erwartungen (und Hoffungen der Lehrer) entsprechen. Jungen werden vermutlich öfters wegen ihres „aggressiven" Verhaltens getadelt, als es tatsächlich angebracht wäre.

35

Nicht zuletzt dürfte das auf die Tatsache zurückzuführen sein, daß die überwiegende Mehrzahl der Betreuer und Lehrer in Kindergärten und Grundschulen weiblichen Geschlechts ist und das ruhigere Verhalten ihrer Geschlechtsgenossinnen vorzieht.

„Wollt ihr Jungen euch endlich hinsetzen und anfangen zu arbeiten?"

„Aber er hat mir meinen Stift weggenommen."

„Dominik, gib Andreas den Stift und fang an zu arbeiten ... Was ist denn jetzt wieder los, Andreas?"

„Der Stift ist abgebrochen, und Dominik hat meinen Spitzer genommen ..."

Geschlechtsidentität

Es gibt auch Lehrer, die Jungen nicht zurechtweisen, sondern fördern und loben, wenn sie sich still und aufmerksam verhalten, dafür aber Mädchen, die sich laut und wild aufführen, scharf zurechtweisen. In jedem Fall jedoch haben es Jungen, die sich „mädchenhaft" verhalten, weitaus schwerer als solche, die eine echter „Wildfang" sind.

Nicht wenige Väter machen sich Sorgen, daß die Söhne Schwierigkeiten mit der (hetero-) sexuellen Identität bekommen, wenn sie sich zu sehr in „mädchenhafte Aktivitäten" einlassen. Es ist jedoch allgemein anerkannt, daß sich die sexuellen Neigungen unabhängig von der eigenen Geschlechtsidentität entwickeln. Also können auch „richtig harte Jungs" homosexuell werden und Jungen, die als Kinder vorwiegend mit Puppenstuben gespielt haben, heterosexuell.

Männliches Verständnis für Mathematik – Weibliche Fähigkeit für Sprache ?

Indem Jungen ermutigt werden, mit Baukästen, und Mädchen, mit Puppen zu spielen, führt später dazu, daß die Jungen ein besseres Verständnis für Mathematik und räumliche Beziehungen entwickeln, während Mädchen bessere verbale Fähigkeiten zeigen.

Insbesondere also führt die einseitige Zuweisung von „geschlechtstypischem" Spielzeug zu unterschiedlich entwickelten Fähigkeiten.

☀ Achten Sie darauf, daß Ihr Junge oder Ihr Mädchen auch mit Spielzeug der „Gegenseite" spielt, um in beiden Sphären Kompetenz zu erwerben.

37

Körperliche Unterschiede

Jenseits der offensichtlichen Merkmale, die Jungen und Mädchen kennzeichnen, gibt es auch weniger ins Auge fallende körperliche Unterschiede.

Jungen haben proportional mehr Muskeln und weniger Fett als Mädchen. Jungen haben auch längere Beine, größere Herzen und ein wirkungsvolleres Kreislaufsystem. Mit dieser physischen Ausstattung sind sie gleichaltrigen Mädchen im Wettbewerb durchweg überlegen – wenn auch nicht nur deshalb.

Andere Faktoren spielen ebenso eine Rolle. Aus Videoaufzeichnungen von Sportstunden hat man entnommen, daß Mädchen weniger wettbewerbsorientiert sind als Jungen. Selbst Mädchen, die sich im Wettbewerb untereinander als physisch besser gezeigt haben als ihre männlichen Gegenstücke, hatten im zwischengeschlechtlichen Vergleich Probleme, diese Leistungen zu wiederholen. Die

Jungen machten die physischen Nachteile durch erhöhte Wettbewerbsbereitschaft wieder wett.

Unterschiedliche Entwicklungsphasen

Fünfjährige Jungen sind etwas größer und schwerer als Mädchen im selben Alter. Gegen Mitte der Kindheit ändert sich das jedoch, weil die mit starkem Wachstum verbundene Jugendlichenphase bei den Mädchen in der Regel früher einsetzt. Elfjährige Mädchen sind ihren männlichen Altersgenossen meist zwei Jahre voraus. Dieser Unterschied äußert sich jedoch nur in der Größe, nicht in den physischen Fähigkeiten. So verbessert sich die Laufgeschwindigkeit von Jungen in den Grundschuljahren jährlich um rund 30 Zentimeter pro Sekunde, die der Mädchen jedoch nur um 10 Zentimeter pro Sekunde.

Zu dieser unterschiedlichen Entwicklung tragen natürlich wieder die unterschiedliche Förderung und die unterschiedlichen Trainingsmöglichkeiten bei. Jungen werden ermutigt, zu rennen, zu springen, zu schießen, zu fangen und zu werfen; Mädchen tendieren eher dazu, herumzusitzen, zu reden und mit dem Springseil zu spielen. Deshalb können Mädchen auch besonders gut hüpfen! Mädchen sollten also besonders zum Sport ermutigt werden, damit sie neben der Sprachfähigkeit auch die körperlichen Fähigkeiten entwickeln.

Unterschiedliches Gruppenverhalten

Interessant ist auch zu beobachten, wie sich Jungen und Mädchen verhalten, sobald sie sich in Gruppen zusammentun. Den Fünfjährigen ist das Geschlecht des/der Spielkamerad/in noch egal, sie zeigen keine besondere Bevorzugung. Wenn sie aber neun geworden sind, spielen sie fast ausschließlich mit Kindern des gleichen Geschlechts, vorzugsweise in kleinen Gruppen. Mädchengruppen umfassen meist zwischen zwei und sechs Miglieder, Jungen hingegen passen die Gruppengröße meist dem aktuellen (Spiel-) Bedarf an.

„Hallo Peter, komm spiel' mit."
„Was spielt ihr denn?"
„Fußball, wie gestern."
„O ja, dazu hab ich Lust. Bei wem spiel' ich mit?"
„Mit Jo, Tom, Fritz und Paul. Die anderen spielen mit mir."

Bedeutung von Freundschaften

Freundschaften scheinen in diesem Alter für Mädchen und Jungen unterschiedliche Funktionen zu haben. Den Jungen sind die Freunde Meßlatten für die eigene Leistung und Helfer auf dem Weg zum Sieg. Mädchen haben Freundinnen, weil sie bei ihnen moralische Unterstützung und gefühlsmäßige Bestätigung finden. Mädchen diskutieren wichtige Fragen ihres Lebens ganz offen miteinander, während Jungen diese Bereiche selten ansprechen.

Dem entspricht der innere Zusammenhalt dieser Gruppen. Jungengruppen sind offener und weniger strukturiert, so daß neue Mitglieder bei Bedarf (eines Spiels) ohne weiteres aufgenommen werden, es sei denn, sie zählen zu einer „gegnerischen" Gruppe. Mädchen tendieren dazu, die Gruppe geschlossen zu halten; tatsächlich wird viel Zeit darauf verwendet, zu diskutieren, wer die Erlaubnis erhält, zur Gruppe zu stoßen, und wer nicht.

Zusammenfassung

Insgesamt kann festgestellt werden: Die Unterschiede zwischen Mädchen und Jungen in den Jahren zwischen fünf und elf sind nicht allzu groß, werden aber immer wieder von verschiedener Seite dazu benutzt, Kinder zu unterscheiden und zu trennen – mit dem Ergebnis, daß die tatsächlichen Unterschiede weitaus stärker als notwendig hervortreten.

Aufgabe der Eltern ist es, die Kinder gleich zu behandeln – wie im übrigen Erwachsene auch – und zu versuchen, bestehende Unterschiede eher zu verringern als zu vergrößern. Jedes Kind birgt in sich einzigartige Entwicklungsmöglichkeiten; und jedes Kind hat das Recht, eine Chance zur Entfaltung seines vollen Potentials zu erhalten – ganz unabhängig vom Geschlecht.

Tolle Sechser

Engel und Bengel

Sechsjährige sind überaus aktiv. Im Kielwasser eines umherschwirrenden Sechsjährigen bleiben alle möglichen Dinge zurück: Kleidungsstücke, Spielsachen und vieles mehr. Spiele werden ebenso schnell begonnen wie wieder aufgegeben.

Diese Unternehmungslust zeigt die Unentschiedenheit der Sechsjährigen: Sie wollen loslegen und möglichst viele Dinge gleichzeitig unternehmen. Sie können sich aber nicht für eine bestimmte Tätigkeit entscheiden. Daher springen sie, kaum haben sie eine Sache angefangen, gleich zur nächsten über.

Diese Unentschiedenheit erklärt auch die oft extremen Verhaltensschwankungen: Im einen Moment sind sie Engel, dann wieder Bengel, einmal sind sie liebebedürftig, dann wieder schroff abweisend. Da mitzuhalten kann für die Eltern manchmal recht schwer sein.

Indem man die Alternativen gering hält, schränkt man den Anlaß von Frustrationen ein. Auch sollte man negative Reaktionen nicht persönlich nehmen. Sehen Sie die Zuneigungsäußerungen als echt an, und akzeptieren Sie das abweisende Verhalten als Ausdruck der Frustration, sechsjährig zu sein!

Seien Sie sich als Eltern der widersprüchlichen Natur Ihrer Sechsjährigen bewußt, und begreifen Sie dies einfach als weiteren Entwicklungsschritt!

Es mag zwar so aussehen, als ob die Sechsjährigen in das Verhaltensmuster von Zweijährigen zurückgefallen seien, doch hat dieses Verhalten seine Gründe: Obwohl sich Sechsjährige immer mehr der alternativen Natur von Ent-

43

scheidungen bewußt werden, möchten sie trotzdem alle Konsequenzen für sich reklamieren, selbst wenn diese sich ausschließen. Sie sind also nicht plötzlich besonders eigensinnig geworden, sondern einfach jetzt sechs Jahre alt.

Rat und Tat für jeden Tag

⫯O⫯ Essen und Trinken

Sechsjährige haben einen guten Appetit, auch wenn sich das frühmorgens oft noch nicht so deutlich zeigt. Meist verlangen sie sogar mehr, als sie essen oder trinken können.

Es ist also angebracht, ein paar Möglichkeiten zu erwägen, um Auseinandersetzungen über die Menge von vorneherein aus dem Wege zu gehen, nicht zuletzt weil Sechsjährige leicht in Tränen ausbrechen, wenn sie nicht bekommen, was sie sich in den Kopf gesetzt haben.

☀ Sie können zum Beispiel nur kleine Teller und Gläser verwenden (die gefüllt genauso „voll" aussehen wie große), damit sie glauben, sie bekämen genauso viel ab wie alle anderen.

Sind mehrere Kinder am Tisch kann die Gleichbehandlung zu langatmigen Debatten führen.

Große, schmale Gläser zum Beispiel sehen für Sechsjährige nach „mehr" aus als kurze und breite. Sind nicht alle Gläser gleich, wollen sie nur noch die schlanken haben. Und diejenigen, die das kurze, breite Glas abbekommen, fühlen sich schlecht behandelt. Senfgläser bieten einen Ausweg, denn sie sind nicht nur gleich groß, sondern es macht auch nichts, wenn beim Gerangel mal eines kaputtgeht.

Sechsjährige können das Familienessen ohnehin zur Tortur machen. Ständig hampeln sie herum und stoßen Sachen um (vor allem das eigene übervolle Glas). Das Essen stopfen sie sich mit vollen Händen hinein, Gabel und Messer sind nur Zeitverschwendung. Dann plötzlich haben sie keine Lust mehr zu essen, und es dauert ewig, bis sie fertig werden. Manchmal können Sie den Prozeß beschleunigen, indem Sie zum Beispiel ein „Wettessen" veranstalten.

„Andrea, iß endlich auf!"
„Ich hab' aber keinen Hunger mehr."
„Nur noch ein paar Löffel."
„Ich kann nicht mehr."
„Wetten, daß ich schneller fertig bin als du? Auf die Plätze, fertig, los!"
„Ich hab' gewonnen! Mehr Glück nächstes Mal, Papi."

Sechsjährige würden ohnehin am liebsten vor dem Fernseher essen. Auf diese Weise verschlingen sie zwar problemlos beim Anschauen ihrer Lieblingssendung das Abendbrot
und Sie hätten den Vorteil, daß Sie mit den reiferen Famili-
enmitgliedern zivilisiert und in Ruhe essen können. Allerdings kann es künftig schwierig sein, Ihren Sechsjährigen
dazu zu bringen, am gemeinsamen Essen teilzunehmen.

 ## Anziehen und Kleidung

„Modebewußtsein" ist ein neuer Zug der Sechsjährigen
(neu im Vergleich zu den Jahren davor). Sie entwickeln ein
Stilbewußtsein und möchten eine eigene Auswahl treffen.
Leider kümmern sie sich lange nicht so um ihre Sachen,
wie dieses Interesse vermuten ließe. Am nächsten Tag die
„verlorenen" Schuhe oder das einst heiß begehrte T-Shirt
wiederzufinden kann eine anstrengende Aufgabe sein.

Baden

Das Baden mit den Sechsjährigen ist schwieriger als mit den Fünfjährigen. Erst wollen sie nicht hinein, und wenn sie dann drin sind, nicht mehr heraus. Seien Sie also vorbereitet: Erwarten Sie einen Kampf und bleiben Sie stark. Stellen Sie feste Regeln auf, was das Baden betrifft, und bestehen Sie darauf, daß die Kinder baden, wann immer Sie es für wünschenswert halten. Wenn Sie schon im voraus wissen, daß Sechsjährige beim Baden Schwierigkeiten machen, verleiht Ihnen dieses Wissen das Gefühl, die Situation unter Kontrolle zu haben, denn Sie fühlen sich dann nicht manipuliert von einem schwierigen Kind. Sie könnten Ihrem Sechsjährigen ja auch etwas Attraktives in Aussicht stellen, um das Baden zu einem glücklichen Ende zu bringen.

Schlafengehen

Viele der Sechsjährigen brauchen noch rund elf Stunden Schlaf. Manche wachen in diesem Alter besonders häufig mit Alpträumen oder anderen sehr störenden Träumen auf.

Ein Nachtlicht kann diese Angst beim Aufwachen nach einem solchen Traum zerstreuen.

Vor dem Schlafengehen mögen es die Sechsjährigen, wenn man ihnen eine Geschichte vorliest. Jetzt erkennen sie schon viel mehr Worte und Buchstaben wieder als früher. Sechsjährige besprechen auch gerne das Tagesgeschehen in dieser stillen Zeit vor dem Einschlafen. Nun bekommen Sie als Eltern die Antworten auf die Fragen, die Sie stellten, als die Kinder aus der Schule kamen.

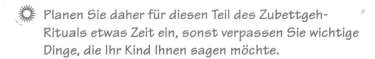

Planen Sie daher für diesen Teil des Zubettgeh-Rituals etwas Zeit ein, sonst verpassen Sie wichtige Dinge, die Ihr Kind Ihnen sagen möchte.

🗯 Streit mit Freunden/innen

Nicht nur die Eltern können das Ziel von explosionsartigen verbalen Attacken werden, sondern auch die Spielkameraden und Freunde. Ja, jede Zusammenkunft von Sechsjährigen, bei denen sie ihre Freundschaften eingehen und wieder auflösen, hört sich zuweilen ziemlich bösartig an.

„Ich hasse dich, Anna. Du bist nicht mehr meine Freundin.
Ich geh' jetzt mit Maria spielen."

„Ich will eh nicht mehr mit dir spielen: Du bist
soooo blöde!"

Der Wunsch, erster zu sein oder zu gewinnen, führt nicht selten zu verbalen Angriffen während einer Streiterei oder gar zu einer Rauferei. Das kann sich für die Ohren der Eltern, die in Hörweite sind, ganz schön peinlich anhören. Dennoch ist es am besten, nicht einzugreifen. Sollten Sie es trotzdem tun und Ihren Streithansl auffordern, sich bei dem Freund zu entschuldigen, wird er die Abbitte nicht wirklich leisten. Außerdem verhindert das Eingreifen, daß die Kinder sich mit den eigenen Gefühlen (der Wut) auseinandersetzen können.

Geschlechterrollen

Kinder in diesem Alter neigen dazu, ziemlich sexistisch zu denken. Aufgrund ihres rigiden „voroperationalen" Denkens glauben sie, daß Frauen immer Kleider tragen und Krankenschwestern sind, Männer immer Hosen anhaben und Ärzte sind. Einige emanzipiert eingestellte Eltern finden das schrecklich und fragen sich, woher diese Auffassung wohl kommt.

Sie brauchen sich jedoch keine Sorgen zu machen; sowie die Sechsjährigenphase vorbei ist, entspannen sich die Vorstellungen der Sechsjährigen von „korrekter" Kleidung. Wie sie im übrigen dann viele ihrer früheren Überzeugungen und Meinungen über die Dinge aufgeben.

Gesundheit: Kinderkrankheiten

In den ersten Schuljahren sind die Kinder einem erhöhten Krankheitsrisiko ausgesetzt. Wenn Sie einige Kinderkrankheiten wie Windpocken, Masern und Scharlach wegen des behüteten heimischen Umfelds oder der aufmerksamen Ansteckungsvorsorge des Kindergartens bisher vermeiden konnten, so müssen Sie nun eher damit rechnen.

Viele der früher üblichen Kinderkrankheiten können heute durch Vorsorgeimpfungen vermieden werden, die bereits im Säuglingsalter vorgenommen werden können.

☀ Vor dem Schulbeginn kann es sinnvoll sein, von Ihrem Hausarzt eine Auffrischungsimpfung vornehmen zu lassen. Es sei denn, Sie scheuen die Impfrisiken einiger Impfungen oder sind der Überzeugung, daß Kinderkrankheiten natürlicherweise zur Entwicklung der Kinder beitragen. In diesem Punkt lassen Sie sich am besten von Ihrem Arzt beraten.

Mittelohr- und Mandelentzündungen, die Sie vielleicht noch aus der Kleinkindphase zwischen 15 Monaten und

zweieinhalb Jahren in Erinnerung haben, können wieder vermehrt auftreten. Manchmal ist es auch notwendig, einen chirurgischen Eingriff vorzunehmen, obwohl die Ärzte heute anders als früher aus guten Gründen mit der Entfernung der Mandeln zurückhaltender geworden sind.

Aufgrund der schulischen Anforderungen und der völlig anderen Tagesabläufe sind unter den kleinen Grundschülern auch Bauchschmerzen oder Kopfschmerzen keine Seltenheit.

☼ Was oftmals als Versuch erscheinen mag, der Schule zu entgehen, hat meistens jedoch eine körperliche (wenn auch psychisch ausgelöste) Ursache, der man die gebührende Aufmerksamkeit schenken sollte.

PROBLEM: Hyperaktivität

Wer früher „Zappelphilipp" hieß, wird heute „hyperaktives" Kind genannt. Die Phänomene der kindlichen Unruhe, der Ablenkbarkeit, der Schwächen im Leistungsverhalten waren auch früheren Generationen schon bekannt, wurden aber einst nicht als ernstzunehmende Krankheit aufgefaßt, sondern eher mit autoritärer Strenge „behandelt".

Vermutlich sind die Kinder heute aber weit mehr von dieser Krankheit betroffen, wobei allerdings nicht jedes unkonzentrierte, unruhige und zappelige Kind gleich als „hyperaktiv" bezeichnet werden sollte.

Einer amerikanischen Studie zufolge glauben 50 % der Eltern, ihr unruhiges Kind sei hyperaktiv; tatsächlich hyperaktiv ist aber letztlich nur etwa 1 % der Kinder. Dennoch leiden immer mehr Kinder unter einem oder mehreren charakteristischen Krankheitszeichen, die zur Hyperaktivität gehören.

Symptome

Haben Sie Zweifel, was mit Ihrem Kind los ist, halten Sie Ihr Kind gar für „unnormal", so sollten Sie überlegen, ob und wie viele der aufgezeichneten Symptome auf Ihr Kind zutreffen:

- das Kind ist unruhig, überaktiv, kann nicht stillsitzen
- es ist leicht erregbar, reagiert impulsiv
- es stört andere Kinder
- die Aufmerksamkeitsspanne des Kindes ist kurz, es fängt Dinge an und führt sie nicht zu Ende
- es zappelt dauernd, bewegt ständig Arme und Beine
- es ist leicht ablenkbar

51

- es reagiert sehr gereizt, wenn Wünsche nicht erfüllt werden
- es weint häufig
- es ist extremen Stimmungsschwankungen unterworfen
- es hat häufig Wutanfälle und zeigt unberechenbares Verhalten

Trifft mehr als die Hälfte der Symptome auf Ihr Kind zu, ist es am besten, einen erfahrenen Therapeuten oder Arzt um Rat zu fragen.

Allerdings neigen Eltern und auch Lehrer heute schnell dazu, ein Kind als hyperkativ zu bezeichnen. Nehmen Sie dieses „Urteil" erst nach ärztlicher Überprüfung an. Und sprechen Sie dann möglichst nicht in Gegenwart Ihres Kindes von seiner Krankheit, um eine folgende Therapie nicht zu beeinflussen oder zu gefährden.

Ursachen

Da Hyperaktivität einen ganzen Symptomkomplex umfaßt, sind auch die Ursachen dieser Krankheit entsprechend vielfältig. Besonders zu beachten ist hierbei die Wechselwirkung zwischen Psyche und Körper: Der Stoffwechsel hat einen Einfluß auf die seelische Verfassung und umgekehrt. Daher werden heute folgende Ursachen für das hyperaktive Syndrom angesehen:

- Stoffwechselstörungen (geschwächte Bauchspeicheldrüse, Darmkrankheiten, Störungen des Mineralstoffhaushalts, Störungen im Säure-Basen-Haushalt)
- neurologische Störungen (Ungleichgewicht im Einsatz der beiden Gehirnhälften, Störungen der Hirnfunktion)
- Umwelteinflüsse (Ernährungsstörungen, Umweltbelastungen, Schäden durch Medikamente oder Impfungen)
- psychologisch bedingte Störungen (Streß in der Schule und im Elternhaus)

Hilfe durch die Eltern

Was Sie sich als Eltern immer bewußt machen sollten, ist, daß die Auffälligkeiten Ihres Kindes nicht auf Böswilligkeit beruhen, sondern Hilferufe sind: Die Kinder selbst sind sehr unglücklich über ihr Verhalten und können es doch nicht ändern. Viele Eltern fühlen sich einfach überfordert mit ihren schwierigen Kindern und können oft kaum mehr Liebe für sie empfinden. Die Kinder fühlen sich ihrerseits ungeliebt und abgelehnt, wodurch sich ihre Krankheit nur verschlimmert, sie werden noch nervöser, unruhiger und aggressiver.

Was Sie als Eltern tun können

- Überprüfen Sie die Ernährungsgewohnheiten Ihres Kindes, beobachten Sie, ob das Verbot von Cola, Wurstwaren und Süßigkeiten und ähnlichem am Verhalten Ihres Kindes etwas ändert.

- Versuchen Sie eine möglichst reizarme Umgebung zu schaffen, schränken Sie den Fernsehkonsum ein.

- Lassen Sie Ihr Kind seinen Bewegungsdrang ausleben, beispielsweise im organisierten Sport.

- Fördern Sie die kindliche Sprachentwicklung, damit sich Ihr Kind Ihnen besser verständlich machen kann.

- Akzeptieren Sie Ihr Kind mit seiner Krankheit, schützen Sie es vor Mitmenschen, die mit ihm nicht zurechtkommen.

- Suchen Sie sich eine Ihnen und Ihrem Kind entsprechende Therapie.

Behandlungsmöglichkeiten

Medikamentöse Behandlung

Die meisten Kinderärzte schlagen heute zunächt eine Behandlung mit Stoffen wie Ritalin vor. Mit diesem Medikament werden oft beachtliche Erfolge erzielt. Allerdings müssen Sie sich als Eltern fragen, ob Sie Ihr Kind unter Dauermedikation stellen oder ob Sie nicht lieber eine Behandlungsart suchen wollen, die die Krankheit versucht zu heilen, anstatt sie nur zu unterdrücken.

Heilpädagogische Behandlung

Bei der heilpädagogischen Behandlung werden Übungen zur Verbesserung der Konzentration, der Koordination von Bewegungen, der Grob- und Feinmotorik, der Sprechfähigkeiten und anderem angeboten.

Homöopathische Behandlung

Die homöopathische Behandlung versucht die dem hyperkinetischen Syndrom zugrundeliegende Stoffwechselstörung mit homöopathischen, auf das jeweilige Kind hin ausgerichteten Mitteln zu behandeln.

Psychotherapeutische Behandlung

Neben der medikamentösen Behandlung empfiehlt es sich, einen Kinderpsychologen aufzusuchen und entweder eine Einzeltherapie oder eine Familientherapie zu beginnen, um die durch die Umwelt bedingten Störungen in den Griff zu bekommen.

 Weitere Informationen und Adressen von erfahrenen Ärzten oder Therapeuten erhalten Sie beim Arbeitskreis Überaktives Kind e.V. in Hannover (Adresse s. Anhang).

THEMA: Schule

Aufgabe der Schule

Eltern verlieren an Einfluß

Eine weitere Erklärung, warum so wenig über die Altersgruppe der Fünf- bis Elfjährigen geschrieben wird, ist die Tatsache, daß sie als Gruppe allesamt der Obhut von Lehrern übergeben werden. Es gibt keinen Zweifel daran, daß die Schule sodann zur wichtigsten Einflußquelle auf das Leben der Kinder wird und daß sie die sozio-psychologischen Rahmenbedingungen stellt, in denen sie aufwachsen. Es lohnt sich also, die Schule in ihrer Funktion einmal genauer zu betrachten.

Sie als Eltern verlieren an Einfluß und werden nie wieder die alleinige Quelle der Weisheit sein wie in den Vorschuljahren. Ja, Ihre Kinder werden sogar überrascht sein, wenn Sie überhaupt verstehen, was ihnen die Lehrerin oder der Lehrer erzählt hat.

Funktion der Grundschule

Die Grundschule bewältigt die ihr gestellte Aufgabe, nämlich den Kindern das Lesen und Schreiben beizubringen, wirkungsvoll und kostengünstig. Wirkungsvoll, weil die meisten Kinder etwas, einige sogar viel lernen. Kostengünstig, weil ein Lehrer für 25 bis 40 Schüler billiger ist, als ein Lehrer für jeden Schüler!

Denn es ist wohl so, daß die Grundschule allein den Zweck hat, die Kinder für die Bedürfnisse der Gesellschaft (also für die Welt der Arbeit) zu sozialisieren – sprich, ihnen lesen und schreiben beizubringen. Schreiben heißt dann nicht mehr als die körperliche Schaffung von Buchstaben und die Zusammensetzung dieser Buchstaben, um Worte daraus zu bilden. Lesen schließt auch das Lesen von Zahlen und die Fähigkeit mit ein, diese zu manipulieren – was man Mathematik nennt.

Sie werden einwenden, Sie hätten in der Grundschule doch sehr viel mehr gelernt. Das mag schon sein, hätten Sie aber nicht lesen und schreiben gelernt, hätte der Rest nicht viel Sinn ergeben. Sie wurden mit vielen interessanten Themen allein deshalb konfrontiert, weil dadurch Ihre Lese- und Schreibfähigkeit verbessert werden sollte und um Ihnen die Regeln beizubringen, nach denen die Welt funktioniert.

Wenn Sie in der Grundschule nicht lesen oder schreiben gelernt haben, dann haben Sie im späteren Leben wenig Gelegenheit dazu, das nachzuholen. Es ist nützlich, sich diese – primäre – Funktion der Grundschule immer vor Augen zu halten.

Wann ist es Zeit für die Schule?

Selbst für Kinder, die Jahre in Kindergärten und Vorschulen verbracht haben, ist der Wechsel in die „richtige" Schule eine bedeutsame Veränderung.

Schulpflicht

Viele Eltern von Sechsjährigen fragen sich, ob ihr Kind schon reif genug ist für diesen Schritt, vor allem wenn es das erste Kind ist. Hat man den Prozeß schon einmal durchlaufen, weiß man bei den später folgenden Kindern bereits besser, worauf es ankommt.

Laut Gesetz sind in Deutschland Kinder, die bis zum 30. 6. eines Jahres sechs Jahre alt werden, schulpflichtig. Kinder dagegen, die zwischen dem 30. 6. und dem 31. 12. ihren sechsten Geburtstag haben, gelten als „Kann-Kinder"; d.h., sie können nur dann vorzeitig eingeschult werden, wenn sie als „schulfähig" angesehen werden. Dafür müssen sie sich aber einer „Schulreifeuntersuchung" unterziehen.

Umgekehrt können Kinder unter Umständen auch noch ein Jahr zurückgestellt werden, wenn die Eltern es wünschen. Die Einschulungsregeln aller Bundesländer lassen dies zu. Hierfür ist meist ein Gutachten eines Kinderarztes oder eines Psychologen erforderlich.

Schulreife

Die folgende Liste nennt Dinge, die Kinder können sollten, bevor sie in die Schule kommen:

- den Vor- und Nachnamen deutlich aussprechen
- den eigenen Namen in geschriebener und gesprochener Form wiedererkennen

- die Heimatadresse kennen
- die Toilette ohne Hilfe benutzen
- auf einem Fuß hüpfen
- einen Stift richtig halten
- mit der Schere schneiden
- Knöpfe aufknöpfen
- ein kurzes Kinderlied wiederholen
- bis zehn zählen
- Grundformen wie Rechtecke, Kreise, Dreiecke wiedererkennen
- warten können, bis sie an der Reihe sind
- neugierig auf die Welt sein

Ein Wartejahr lohnt sich

Der Vorteil eines Wartejahres ist, daß das Kind bei Schulbeginn zu den älteren und nicht zu den jüngeren Kindern der Klasse zählt. Sie mögen einwenden, daß das Kind ja die erste Klasse wiederholen kann, falls es zu früh gewesen sein sollte, doch ist dies für das Kind weitaus problematischer als Sie sich vielleicht vorstellen. Denn nur wenige Lehrer sind bereit, ein Kind schon in der ersten Klasse „sitzenzulassen", zudem fürchtet sich auch das Kind davor, den Kontakt zu den Klassenkameraden zu verlieren.

Der Unterricht in der Wiederholungsklasse kann die Kinder langweilen, wenn der gleiche Lehrer dasselbe Lehrmaterial verwendet – und die Langeweile kann als wiederholter „Leistungsausfall" interpretiert werden. Ein zusätzliches Jahr zu Hause kann einem sechsjährigen Kind zwar sehr lange vorkommen, wenn es aber zu einem besseren Start in der Schule verhilft, kann das jede Minute wert sein.

☀ Ganz allgemein gilt die Regel:
   lieber zu spät als zu früh.

58

Die Einschulung

Normalerweise wird das schulpflichtige Kind in der Schule eingeschult, in deren Sprengel (Einzugsbereich) es wohnt. Falls Sie aber eine andere Schule oder eine Privatschule für Ihr Kind bevorzugen, müssen Sie dafür einen besonderen Grund angeben (beispielsweise die Nähe Ihres Arbeitsplatzes zur gewünschten Schule) und Ihr Kind bei der ausgewählten Schule anmelden. Nähere Informationen dazu liefert die jeweilige städtische Schulbehörde.

Wenn zu früh eingeschult wird

Gerade Jungen haben oft größere Schwierigkeiten, sich in der Schule anzupassen, als Mädchen, und wenn sie sehr viel jünger sind als der Durchschnitt ihrer Klassenkameraden, kann das zu einer Belastung führen, von der sie sich nie wieder erholen: Denn in der Jahrgangsschule heißt das, einmal der Jüngste, immer der Jüngste (es sei denn, sie wie-

59

derholen eine Klasse – mit den bereits erwähnten negativen Folgen). Die zu früh Eingeschulten erreichen womöglich immer nur deshalb einen Teil ihres Leistungsvermögens, weil zu früh von ihnen gefordert wird, was sie noch nicht leisten können.

☀ Sollten Sie unsicher sein, was zu tun ist, ist es immer besser, sich für „mehr Zeit" zu entscheiden und Ihrem Kind Raum zu weiterem Wachsen zu geben. Für das Prädikat „der/die Jüngste" werden keine Preise vergeben.

Den Schulbeginn attraktiv machen

Manchmal machen sich die Eltern mehr Sorgen über die Einschulung als ihre Kinder. Eltern sollten die Kinder jedoch nicht zusätzlich mit den eigenen Ängsten („ich werde dich vermissen") belasten. Statt dessen sollten Sie den Schulbeginn attraktiv machen, indem Sie den Spaß hervorheben, den die Kinder in der Schule haben werden, indem Sie beispielsweise auf die Freundschaften hinweisen, die dort geschlossen werden können. Und der Gedanke, bald selbständig lesen und schreiben zu können, ist für jeden Sechsjährigen spannend und attraktiv.

☀ Machen Sie auch einen Vorbesuch in der Schule, damit Sie selbst und Ihr Kind sich schon eine Vorstellung machen können, wie es dort aussieht. Viele Schulen veranstalten zu diesem Zweck einen Tag der offenen Tür.

Für kleine Schüler kann es eine Katastrophe sein, nicht zu wissen, wo die Toilette liegt und deshalb einen „Unfall" zu erleben. Frisch eingeschulte Kinder trauen sich auch nicht, in der neuen Umgebung viele Fragen zu stellen, je mehr sie also wissen, desto leichter fällt ihnen der Schulanfang.

60

Die Rolle des Lehrers

Grundschullehrer gehören wahrscheinlich zu den am härtesten arbeitenden Pädagogen im Schulsystem. Sie müssen durchschnittlich 30 oder mehr Kinder fünf oder sechs Stunden am Tag beschäftigen, ihr Interesse wecken und sie zum Lernen anregen! Jeder Elternteil, der dasselbe zu Hause mit einem Kind versucht hat, ohne zwischendurch den Fernseher anzuschalten, weiß, was das heißt.

Lehrer müssen vor und während der Pausen sowie am Ende des Tages den Hof und die Spielplätze überwachen. Sie haben die einzelnen Stunden vorzubereiten und müssen sich so mit ihren Schülern beschäftigen, daß diese zu mehr Lernbereitschaft angeregt werden. Und letztlich wird von den Lehrern erwartet, daß sie sich auch selbst weiterbilden.

Besonders Grundschullehrer sind also auf die Hilfe und die aktive Mitarbeit der Eltern angewiesen.

☀ Stellen Sie sich dem Lehrer Ihrer Kinder vor und bieten Sie ihm, so oft Sie können, Ihre Mithilfe an. Das gibt dem Lehrer auch Gelegenheit, sich ungezwungen mit Ihnen über Ihr Kind zu unterhalten – damit Sie beide zu Partnern in der Erziehung Ihrer Kinder werden und nicht zu Gegnern.

Schule im Wandel

Wenn auch einige wesentliche Dinge gleichgeblieben sind, so hat die Schule doch in den letzten Jahren aufgrund neuer pädagogischer Erkenntnisse erhebliche Veränderungen durchgemacht.

Und nicht wenige Grund- bzw. Regelschulen haben neu entwickelte pädagogische Konzepte von den privaten Schulen übernommen, beispielsweise die Stunde des „freien Lernens" und „Freispiels" oder den Fremdsprachenun-

terricht schon ab der 1. Klasse. Manche Schulen legen heute auch mehr Betonung auf eine künstlerisch-musische
Erziehung.

Neue Lernmethoden

Ein hauptsächlicher Unterschied zu früher besteht darin,
daß heute viel mehr der Inhalt des Lehrstoffes im Mittel-
punkt steht als dessen äußere Form. Anstatt den Kindern
endlose Fakten „nach Papageienart" einzutrichtern, versuchen die Lehrer heute, das Interesse der Kinder zu wecken
und ihnen die notwendigen Werkzeuge in die Hand zu
geben, damit sie diesen Interessen auch selbständig nachgehen können.

Praxisnaher Unterricht

Werden zum Beispiel die Maße gelehrt, dann lernen die
Kinder heute, was Maße sind und wie man messen kann.
Teil des Lernprozesses ist dann das Ausmessen von
bestimmten Objekten. So entdecken die Kinder, daß der

Tisch 20 Hände lang ist, daß ihre Hand sieben Zentimeter lang und deshalb der Tisch 140 Zentimeter lang ist. Das ist am Anfang sicher sinnvoller, als nur auswendig zu lernen, wieviel Zentimeter ein Meter und wieviel Meter ein Kilometer hat.

Das Problem mit der Orthographie

Eine Sorge von Eltern kann es sein, daß die Kinder in der Schule heute angehalten werden, Geschichten aufzuschreiben, ohne daß dabei auf die Rechtschreibung geachtet wird. Dahinter steckt die Vorstellung, daß sich die Kinder zuerst daran gewöhnen sollen, sich schriftlich auszudrücken. Die Rechtschreibung kommt dann später hinzu, und sei es nur in der Form, daß sie lernen, die Schreibweise im Lexikon nachzuschauen.

Man hat erkannt, daß die Angst, das orthographisch Falsche niederzuschreiben, viele Kinder daran hindert, sich schriftlich auszudrücken, obwohl die Phantasie ihnen tolle Geschichten eingibt und sie zuweilen schon ein beachtliches Gespür für die Sprache zeigen. Natürlich fällt den Kindern die Beherrschung der Orthographie leichter, wenn ihnen die Bedeutung der Worte, die sie niederschreiben sollen, wirklich klar ist.

Nach der Niederschrift ihrer Geschichte werden die Kinder dann dazu angehalten, selbst die Worte, deren Schreibweise sie sich nicht sicher sind, zu überprüfen. Erst danach kommt der Lehrer hinzu und weist auf Fehler hin. Das stellt an den Lehrer weitaus größere Anforderungen, als wenn er sich lediglich vor die Klasse stellt, auf die Tafel deutet und die Kinder laut Buchstaben ablesen läßt.

☀ Helfen Sie den Lehrern bei dieser Aufgabe, lassen Sie die Kinder auch zu Hause Geschichten aufschreiben,

63

und korrigieren Sie mit ihnen zusammen die Fehler. Und seien Sie beruhigt, die Rechtschreibung kommt später wie von selbst.

Lesen lernen

Stellen Sie sich vor, Sie möchten Chinesisch lernen. Am Anfang würde Ihnen der Lehrer ein paar der allgemeinen Zeichen beibringen. Anschließend würden Sie sich jenen Zeichen zuwenden, die für Sie von Interesse sind, was wieder davon abhängt, aus welchem Grund Sie Chinesisch lernen – zum Beispiel, weil Sie dorthin in Urlaub fahren oder weil Sie eine technische Anleitung verstehen wollen.

Der Lernvorgang ist ähnlich, wenn Kinder eine Sprache lesen lernen, die sie bereits sehr gut sprechen können. Die Kinder sollen merken, daß es sich lohnt, lesen zu lernen, weil sie dann in die Lage versetzt werden, unabhängig ihr Interessensgebiet weiter zu erforschen.

Wenn Sie versuchen, chinesische Schriftzeichen zu lesen, werden Sie zunächst nach jenen Ausschau halten, die sie bereits kennen, um dann die Lücken aus dem Verständnis der Geschichte, die Sie gerade lesen, zu füllen. Wenn die Geschichte illustriert ist, erleichtert das zusätzlich den Vorgang des Verstehens. Je öfter Sie einem Schriftzeichen begegnen, desto besser verstehen Sie seine Bedeutung. Dasselbe gilt für Kinder, die die eigene Sprache lesen lernen; sie erkennen die bekannten Worte wieder und raten, was die anderen bedeuten unter Zuhilfenahme der Illustrationen.

Schreiben lernen

Ihre Kinder lernen sprechen, indem sie Sie kopieren. Manchmal machen sie Fehler, wenn sie beispielsweise noch nicht alle Konsonanten aussprechen können. Aber im Laufe der Zeit lernen sie, daß es Saft und nicht „Faft" heißt, auch ohne, daß Sie korrigierend eingreifen. Kinder lernen, indem sie Ihnen und allen anderen Personen, die mit ihnen sprechen, zuhören. Würde man nicht mit ihnen sprechen, würden sie Laute von sich geben, die nur für sie Bedeutung haben, aber nicht für andere – also eine eigene Sprache „erfinden". Und genauso wie die Kinder sprechen lernen, so lernen sie auch schreiben: Indem sie eintauchen in das geschriebene Wort – Bücher und Worte sollten also beständig in ihrem Blickfeld sein.

Schauen Sie sich das Klassenzimmer an. Dort finden sich viele Zeichen und Plakate, meist mit Bezug auf die Kinder und das, was sie tun. Das hat den Zweck, die Kinder daran zu gewöhnen, bekannte Worte niedergeschrieben zu sehen. Auch mit unseren Sprachkonventionen – wie das Lesen von oben links nach unten rechts und die Groß- und Kleinschreibung – werden die Kinder auf die Weise bekannt gemacht. Diese Konventionen sind aus der gesprochenen Sprache nicht ohne weiteres abzuleiten und werden nur bemerkt und verstanden, wenn den Kindern die Gelegenheit gegeben wird, Beispiele zu sehen.

☀ **Sie können helfen, indem Sie die Kinder auf die in der Umwelt vorhandenen Worte aufmerksam machen.**

Werbeplakate mögen Sie stören, doch sind sie oft eine interessante Kombination von Bild und Wort. Während der Autofahrt kann es sogar ein interessantes Spiel sein, die Schilder laut vorzulesen. Das gibt auch die Gelegenheit, auf Unregelmäßigkeiten aufmerksam zu machen, daß Worte zwar gleich klingen, anders geschrieben jedoch eine andere Bedeutung haben, wie zum Beispiel „arm" und „Arm".

☀ **Eine andere Möglichkeit, Ihre Kinder zum Lesen zu ermutigen, ist, die Dinge im Haus mit Etiketten zu versehen. So lernen die Kinder, wie die Namen der**

65

Objekte, die sie kennen, in schriftlicher Form aussehen. Gleiches gilt für das Erlernen von Buchstaben.
Hier wird der Anfangsbuchstabe eines Wortes mit
dem entsprechenden Bild verknüpft.

Sie müssen natürlich nicht das ganze Haus dekorieren und
können das Etikettieren auf das Kinderzimmer beschränken. An einem regnerischen Sonntagnachmittag aber kann
das Etikettieren der anderen Zimmer zu einem unterhaltsa-
men Spiel werden.

Hausaufgaben als Übung

Nach meiner Auffassung sind Hausaufgaben für Kinder in
den ersten Klassen überflüssig. Viele Eltern scheinen
jedoch Hausaufgaben als das einzige Mittel anzusehen, mit
Hilfe dessen sie sich über den Lehrstoff in der Schule informieren können.

Lehrer scheinen Hausaufgaben aufzugeben, um den im Unterricht gelernten Stoff besser zu verankern – Motto: Übung macht den Meister.

Hausaufgaben als Strafe

Hausaufgaben werden oft auch als Strafe für schlechtes Betragen aufgegeben, in der Annahme, daß das störende Kind auf diese Weise den versäumten Lehrstoff nachholt. Und manchmal drängt sich mir der Verdacht auf, daß einige Lehrer das Lernen am liebsten ganz in den heimischen vVier Wänden der Kinder stattfinden lassen wollen.

☀ **Wenn Sie sich nicht sicher sind, was und wie Ihre Kinder lernen, schauen Sie einmal in der Schule vorbei und bieten Sie Ihre Hilfe an**

Oder Sie ermutigen den Elternbeirat, Kurse abzuhalten, in denen über neue Lehrmethoden berichtet wird. Auf diese Weise lernen Sie die neuen Methoden verstehen und schaffen nicht Verwirrung dadurch, daß Sie zu Hause, wenn Sie mit Ihrem Kind üben, noch auf Ihr althergebrachtes (und heute ausrangiertes) Wissen vertrauen.

Wochenplan für die Hausaufgaben

Eine Methode, dem Problem mit den Hausaufgaben zu Leibe zu rücken, ist, mit den Kindern einen Wochenplan zu entwerfen. Darin werden die aufgegebenen Hausaufgaben laufend eingetragen und deren Erledigung abgehakt. Die Kinder sind frei in ihrer Entscheidung, wann sie welche Aufgaben erledigen wollen – natürlich innerhalb der vorgegebenen Abgabezeit, – und können so besser ihren Tagesablauf mit anderen Tätigkeiten abstimmen.

Dadurch läßt sich der abendliche Kampf um erledigte oder nichterledigte Hausaufgaben vermeiden. Nicht nur die Eltern gewinnen auf diese Weise einen Überblick über die gesamte Beanspruchung, sondern auch die Kinder selbst, wodurch es viel leichter fällt, die Hausaufgaben mit anderen Aktivitäten zu koordinieren. Die Methode kann ab der 3. Klasse angewendet werden.

Die richtige Zeit für die Hausaufgaben

Die Frage, wann die Kinder ihre Hausaufgaben erledigen sollen, wird oft gestellt. Einige Eltern sind der Meinung, die Kinder sollten das gleich nach der Schule tun, wenn die Erinnerung an das Gelernte noch frisch ist. Andere ziehen es vor, bis nach dem Spielen und Waschen zu warten.

Meiner Auffassung nach sollte den Kindern die Entscheidung selbst überlassen bleiben. Einige brauchen nach der Schule eine Pause, bevor sie sich an die Hausaufgaben setzen, andere haben es lieber gleich hinter sich gebracht, um danach den eigenen Interessen nachgehen zu können.

Möchten Sie vielleicht nach Hause kommen und sofort damit beginnen, die Arbeit, die Sie sich aus dem Büro mitgenommen haben, zu erledigen, oder würden Sie nicht lieber erst einmal eine Pause einlegen? Geben Sie Ihren Kindern ebenfalls diese Freiheit der Wahl.

☀ **Die Pause kann genauso wichtig sein wie das Erledigen der Hausaufgaben selbst.**

In jedem Fall sollten Sie versuchen, die Hausaufgaben nicht zu einem Kampfschauplatz werden zu lassen, sondern sie als Teil der täglichen Routine zu begreifen. Hat sich Ihr Kind entschieden, wann es am liebsten seine Hausaufgaben erledigt, sollte aus diesem Zeitpunkt möglichst eine feste Gewohnheit werden.

Mithilfe der Eltern

Fast jedes Kind bedarf einer gewissen Unterstützung der Eltern bei den Hausaufgaben – zumindest in den ersten Schuljahren.

Allerdings sollten Sie als Eltern nicht zum Nachhilfelehrer werden, sondern Ihrem Kind nur dann eine Hilfestellung sein, wenn Fragen auftauchen. Denn Ihr Schulkind muß im Laufe der Jahre lernen, die in der Schule gestellten Aufgaben selbständig auszuführen und für sich selbst Verantwortung zu übernehmen.

☀ **Kommt Ihr Kind stolz zu Ihnen, um die vollbrachte Arbeit zu zeigen, so erwarten Sie keine vollkommenen Leistungen, sondern kalkulieren Sie Unzulänglichkeiten und Fehlversuche ein.**

Am besten Sie loben alles Geglückte und tadeln Mißglücktes entweder mit Nachsicht oder übersehen es ganz. Das wird Ihr Kind weitaus mehr animieren, in seinen Bemühungen fortzufahren.

69

Die Leistungen der Kinder werden in der Schule unablässig festgestellt und bewertet. Dies verfolgt zwei Absichten: Zum einen soll damit festgestellt werden, ob die Kinder den Lehrstoff begriffen haben, zum anderen werden die Kinder dadurch im Vergleich zu ihren Klassenkameraden eingestuft. Die Zeugnisse, die Sie zu sehen bekommen, spiegeln womöglich also nicht nur die „objektiven" Leistungen Ihres Kindes wider, sondern enthalten auch Bewertun-

70

gen seiner „relativen" Leistungen im Vergleich zu der gesamten Klasse. Das bedarf der näheren Erklärung.

Tatsächliche Leistungen

Die erste Art der Feststellung richtet sich nach sachlichen Kriterien, d.h. es wird einfach festgestellt, ob die Kinder bestimmte Leistungen vollbringen können – zum Beispiel 1+1, 2+1 zusammenzuzählen. Wenn sie das erlernt haben, können sie mit den zweistelligen Zahlen konfrontiert werden. Wenn die Kinder hier Schwierigkeiten haben, kann der Lehrer den Stoff im Unterricht noch einmal durchnehmen, bevor er das nächste Gebiet angeht.

Leistungen im Vergleich

Die zweite Art der Leistungsfeststellung richtet sich nach dem Kriterium der durchschnittlichen Leistung oder Normleistung. Es wird eine Leistungsfähigkeit angenommen, und Ihr Kind wird daran im Vergleich zu den Klassenkameraden gemessen. Wird der Klasse zum Beispiel die Aufgabe gestellt, 20 einstellige Additionen zu rechnen, so wird das Kind, das alle richtig hat, als Nummer 1 eingestuft, das Kind, das am wenigsten richtig hat, wird als letztes eingestuft. Diejenigen, die mehr als 50 % der Aufgaben gelöst haben, liegen innerhalb der Normleistung, diejenigen, die weniger als 50 Prozent gelöst haben, sind durchgefallen.

Wenn Sie also Zeugnisse und Klassenarbeiten zu Gesicht bekommen, ist es sinnvoll zu wissen, nach welcher Methode die Noten zustande gekommen sind. Ein „sehr gut" kann heißen, daß das Kind eine sehr gute Leistung erzielt hat und im oberen Klassenbereich anzusiedeln ist; ein „befriedigend" kann eine ähnliche Leistung enthalten wie ein „ungenügend". In jedem Fall ist es interessant zu erfahren, wie sich die Noten ergeben haben und was sie für Ihr Kind hinsichtlich jedes einzelnen Fachs bedeuten.

71

Notensprechstunden

Viele Schulen haben heute Notensprechstunden eingerichtet, in denen die Eltern über die Noten ihrer Kinder mit den Lehrern sprechen können. Das ist eine wichtige Sache, die Sie nicht versäumen sollten und die Ihnen die Gelegenheit gibt, alle Sorgen, die Sie bezüglich der schulischen Entwicklung Ihres Kindes haben, zu besprechen. Diese Sprechstunden gereichen auch den Lehrern zum Vorteil, weil sie die Dinge einmal vom Standpunkt der Eltern aus betrachten und herausfinden können, warum die Eltern glauben, daß ein Schüler Schwierigkeiten hat.

☀ Wenn Ihr Kind keine Probleme in der Schule hat, können Sie dennoch fragen, was Sie tun können, um seine Fähigkeiten und seine Interessen weiter zu fördern. In der Regel sind Lehrer gerne bereit, Vorschläge zu machen.

Engagement der Eltern in der Schule

Elterngruppen

Sobald Ihre Kinder zur Schule gehen, werden Sie dazu aufgefordert, sich am Elternbeirat oder an anderen Elterngruppen, die sich an Ihrer Schule gebildet haben, zu beteiligen.

☀ Finden Sie heraus, was sich alles an der Schule Ihres Kindes tut, und nehmen Sie an mindesten einer Sitzung teil. So können Sie sich ein Urteil bilden, was Ihnen zusagt und was nicht.

Die Elterngruppen können den Lehrern eine große Hilfe sein, und sei es nur bei der Anschaffung von fehlendem Lehrmaterial. Sie sind auch ein Forum, in dem Meinungen über Lehrstoff und Lehrmethoden ausgetauscht werden können und das folglich Einfluß auf den Unterricht nimmt.

Zum Beispiel könnte zur Diskussion gestellt werden, ob es angemessen ist, das Thema AIDS im Unterricht zu behandeln. Einige Eltern werden die Auffassung vertreten, daß Grundschüler zu jung sind, um mit diesem Thema befaßt zu werden. Sie aber könnten der Meinung sein – wie ich selbst –, daß diese Einstellung nur verhindern will, das Thema zu besprechen.

Wichtige gesellschaftliche Themen haben also durchaus auch etwas im Unterricht der Grundschulen zu suchen. Kinder sollten zwar von den wirklich negativen Seiten des Lebens ferngehalten werden, doch wenn sie damit in Berührung kommen, ist es besser, sie so zu informieren, daß sie die Tatsachen verdauen können, anstatt ihrer Phantasie freien Lauf zu lassen. Deshalb ist es wichtig, daß Eltern ihre Wünsche bezüglich solcher Fragen in die Schule tragen, um auch in dieser Hinsicht zusammen mit den Lehrern an der Erziehung ihrer Kinder mitzuwirken.

Informationskampagnen und Vorträge

Eine Informationskampagne in der Grundschule würde sich im Grunde an die Eltern richten. Es könnte ein Gastredner geladen werden, der über ein bestimmtes Problem oder Thema berichtet.

Würden an der Veranstaltung sowohl Eltern als auch Lehrer teilnehmen, hätte man eine gemeinsame Informationslage geschaffen, aufgrund derer Eltern und Lehrer eine eventuelle Einbringung eines bestimmten Themenkreises in den Unterricht besprechen könnten. Elternbeiräte sind nicht nur aufgefordert, Themenkomplexe wie beispielsweise AIDS anzugehen, sondern auch grundsätzliche Fragen der Erziehung aufzuwerfen, als da sind der Einsatz von Computern im Unterricht, die Klassengrößen, neue Lehrstoffinhalte, Chancengleichheit, Gewalt und Aggression in der Schule und anderes mehr.

Wenn Sie mitreden und Einfluß nehmen wollen auf das, was in der Schule passiert, dann gehen Sie zu den Sitzungen und sagen Sie, was Ihrer Meinung nach richtig ist.

Eltern als Anwälte ihrer Kinder

Da in den großen Klassen von heute die Bedürfnisse eines einzelnen Kindes leicht übersehen werden können, sollten die Eltern genau beobachten, wie sich ihr Kind in der Klasse fühlt.

Wenn Sie den Lehrern nichts von den Veränderungen und Problemen im Leben Ihrer Kinder berichten, kann es leicht zu Fehlinterpretationen des Verhaltens oder der Leistungen Ihres Kindes kommen.

 Lassen Sie als Eltern Ihr Kind spüren, daß es Ihnen vertrauen kann und daß Sie in schwierigen Situationen für es eintreten. Denn Kinder in der Grundschule können meist noch nicht für sich selbst sprechen.

Konflikt mit dem Lehrer

Die Gefahr ist nicht auszuschließen, daß sich Ihr Kind und der Lehrer ins Gehege kommen. Wenn Sie andauernde Klagen der Kinder über einen bestimmten Lehrer hören, lohnt es sich vielleicht, der Sache auf den Grund zu gehen. Lehrer haben einen großen Einfluß auf ihre Schützlinge. Sie können Kinder, die in Schwierigkeiten geraten, ermutigen und wieder zu Selbstsicherheit verhelfen, sie können diesen Kindern aber auch eine negative Beurteilung auferlegen, von der sie sich nie wieder befreien können.

„Du warst also mal wieder faul, Siggi!"

„Stimmt nicht, ich bin nur ein bißchen langsam."

„Du wirst es niemals zu etwas bringen, langsamer Siggi."

„Ich glaub's auch nicht."

Bedenken Sie, wie wichtig es ist, daß Ihre Kinder in einer guten und positiven Umgebung lernen und sich entwickeln können. Wenn Sie ihnen helfen, gerne zur Schule zu gehen, so legen Sie damit den Grundstein für Freude am Leben überhaupt.

Fabelhafte Siebener

Kleine Philosophen

„Typisch sieben …!"

Im Vergleich zu den Sechsjährigen wirken die Siebenjährigen fabelhaft ruhig. Sie sind viel verständiger und scheinen ununterbrochen nachzudenken. Sie brüten über den Problemen, bevor sie damit herausrücken und mit Ihnen darüber sprechen. Sie können auch sehr gut zuhören, weil sie einfach alles wissen möchten.

Siebenjährige sind in eine Phase eingetreten, in der sie ihre Beziehungen erweitern und vertiefen. Die Lehrer, von denen sie Bestätigung erwarten, werden zu wichtigen Personen in ihrem Leben. Sie entwickeln ein Gespür für die Gefühle anderer und mischen sich zuweilen in die Erziehung jüngerer Geschwister ein, wenn sie glauben, deren Verhalten würde die Eltern stören.

Siebenjährige sind auf dem Weg, unabhängiger zu werden, auch wenn es manchmal den Anschein hat, sie würden sich von der Welt in die Familie zurückziehen. Denn sie verbringen viel Zeit mit sich selbst, sind häufig ganz in ihre Gedanken vertieft. Als Eltern können Sie sich darüber freuen, denn der nächste Entwicklungsschritt kündigt sich damit schon an.

Rat und Tat für jeden Tag

Essen und Trinken ¡O¡

Siebenjährige sind weitaus bessere Esser als Sechsjährige und viel eher in der Lage, die Manieren an den Tag zu legen, die die Eltern gerne sehen möchten. Doch ist es oft schwierig, sie aus ihrer Gedankenwelt, aus ihren Beschäftigungen herauszulösen und an den Tisch zu bringen. Sind

noch weitere Kinder im Haus, die alle ihrem Sport, ihrer Musik oder ihren Fernsehinteressen nachgehen, dürfte es meist ohnehin schwierig sein, ein gemeinsames Familienessen zustande zu bringen.

Siebenjährige scheinen oft tatsächlich taub zu sein: Sie schalten einfach auf „Durchzug". Sie müssen wiederholt und mit zunehmend lauterer Stimme dazu gebracht werden, etwas zu tun. Sie vertiefen sich völlig in das, was sie gerade tun. Sie hören womöglich Ihre Rufe, hören aber nicht auf das, was Sie sagen.

☀ Versuchen Sie eine Antwort zu erhalten, um sicherzugehen, daß Sie verstanden wurden.

Baden und Toilette

Siebenjährige haben ihre persönlichen Dinge schon recht ordentlich im Griff. Sie gehen selbständig auf die Toilette und können allein baden. Sie ziehen sich auch schon allein an, dabei kommt es allerdings nicht selten vor, daß sie auf halbem Wege abgelenkt werden und nur halbangezogen auf der Bildfläche erscheinen. Nach dem Ausziehen bildet sich meist ein hübscher Haufen zu ihren Füßen.

 Wollen Sie, daß Ihre Sprößlinge ihre Sachen auch aufräumen, müssen Sie mehrfach nachhaken.

Mädchen zeigen zunehmendes Interesse an ihren Haaren und möchten laufend neue Frisuren ausprobieren – was allerdings ohne Hilfe noch nicht so richtig klappt. Jungen, so sie dazu gebracht werden können, sind üblicherweise jetzt in der Lage, sich die Haare selbst zu kämmen.

Geschwisterstreit

Siebenjährige verstehen sich im Grunde jetzt deutlicher als Teil der Familie. Auf der einen Seite freuen sie sich daran, auf der anderen behaupten sie aber nicht selten, sie seien wohl eigentlich doch nur „adoptiert" worden – besonders wenn nicht alles nach ihren Wünschen abläuft. Sie streiten sich öfter mit den jüngeren Geschwistern und sind eifersüchtig auf deren Privilegien, zum Beispiel darauf, daß diese zu Hause bleiben dürfen, während sie selbst zur Schule gehen müssen.

Spaß und Spiel

Auch wenn sie weiterhin gerne draußen herumstromern, entwickeln Siebenjährige ein zunehmendes Interesse für kompliziertere Spiele, die man drinnen oder draußen spielen kann.

 Jetzt können Eltern oder ältere Geschwister anfangen, mit ihnen Karten zu spielen – und das, ohne die Regeln manipulieren zu müssen, um sie bei Laune zu halten.

 ### Sport

Die Siebenjährigen beginnen allmählich, Geschwindigkeit und Entfernungen richtig einzuschätzen – eine gute Voraussetzung für die Anmeldung im Sportverein. Das Fahrradfahren wird meist schon sehr gut beherrscht. Für den allgemeinen Straßenverkehr ist es allerdings noch zu früh. Erst in der vierten Schulklasse erhalten die Kinder im allgemeinen eine Verkehrserziehung, die ihnen erlaubt, allein im Straßenverkehr Fahrrad zu fahren.

Sinn für Gerechtigkeit

Die Zeit der Frustrationsanfälle, der Koller, scheint vorbei zu sein. Siebenjährige ziehen sich aus einer sie frustrierenden Situation lieber zurück. Ihr Sinn für Gerechtigkeit läßt sie häufig die Klage erheben: „Das ist aber ungerecht!"

PROBLEM: Legasthenie

Kinder, die zwar normal intelligent sind – manchmal sogar überdurchschnittlich intelligent –, werden dennoch gemeinhin als lernbehindert eingestuft, wenn sie bestimmte Leistungserwartungen nicht erfüllen. Diesen werden als Kriterien in der Regel die Fähigkeiten des Lesens, Schreibens und Buchstabierens zugrunde gelegt. Daher ist das Problem unter dem Begriff Legasthenie (Dyslexia) – also Lese- und Rechtschreibschwäche bekannt.

Ursachen

Die Ursachen dieser Teilleistungsstörung werden intensiv erforscht, bisher gibt es jedoch keine eindeutige Antwort auf die Frage, wodurch sie ausgelöst wird. Es wird angenommen, daß eine minimale cerebrale Dysfunktion (MCD) vorliegt. Ob, wann, und im welchem Umfang Legasthenie zutage tritt, hängt von vielen äußerlichen und im Kind begründeten Ursachen ab: Psychische Belastungen aller Art, Erbanlagen, Geburtserlebnisse, Stoffwechselprobleme können auslösende Faktoren sein.

Symptome

Das komplexe psychologische und intellektuelle System, das der menschliche Geist darstellt – insbesondere der sich mit hoher Dynamik entwickelnde Geist von Kindern –, macht es kaum möglich, abgrenzbare Symptome, die auf eine tatsächliche Legasthenie hinweisen, zu definieren. Denn viele Symptome können auch in anderen Zusammenhängen und bei nicht lese- und rechtschreibschwachen Kindern auftreten, so auch bei Kindern, die sich einfach langsamer entwickeln. Im Grunde bedeutet diese Störung

der Lernfähigkeit, daß Informationen (also zum Beispiel Worte) im Geist der Kinder mit anderen Kodierungen als üblich versehen werden und daß auch der Abruf dieser Informationen nicht auf die übliche Weise erfolgt – vermutlich aufgrund der erwähnten minimalen cerebralen Dysfunktion (MCD).

Folgende Symptome können einen ersten Hinweis auf eine Legasthenie geben, vor allem dann, wenn mehrere Symptome gleichzeitig zutreffen:

- das Kind bleibt beim Lesenlernen deutlich hinter dem Lernfortschritt der Klassenkameraden zurück
- Verwechseln von spiegelverkehrten Buchstaben wie d und b, p und q
- Verwechseln der Reihenfolge von Buchstaben: Schiff statt Fisch
- Probleme beim Abschreiben
- Unfähigkeit, sich das Einmaleins einzuprägen
- Verwechseln von Zahlen in der Folge: 13 statt 31
- Schwierigkeiten beim Identifizieren von Formen
- Unbeholfenheit, Vergeßlichkeit
- die Schuhe werden in der Regel falsch angezogen
- links und rechts werden nicht unterschieden
- starke Abneigung gegen die Schule
- dauerhaft negative Selbsteinschätzung

Da ihr geistiges „Informationsverarbeitungssystem" anders (als üblich) arbeitet, können einige Kinder gehörte Informationen sehr gut aufnehmen und auch mündlich wiedergeben – die Umsetzung in Schriftzeichen gelingt jedoch nicht.

Die Muster, nach denen gesprochene Laute mit dem Kodierungssystem der lateinischen Schrift wiedergegeben werden können, werden von den meisten Kindern relativ schnell wiedererkannt, lese- und rechtschreibeschwache Kinder hingegen müssen sich jedes einzelne Wort mühsam einprägen.

Andere Kinder hingegen nehmen Informationen problemlos auf und können sie auch wiedergeben, haben aber Schwierigkeiten, sie abrufbar im Gedächtnis zu behalten.

Wie stellt man Legasthenie fest?

Unglücklicherweise sind die unterschiedlichen Grade der Lese- und Rechtschreibschwäche nicht ganz einfach auszumachen, was zu Fehlschlüssen führen kann, die ein frühzeitiges Einschreiten und Therapieren versäumen lassen. Lehrer neigen dazu, lese- und rechtschreibschwache (ansonsten aber offensichtlich intelligente) Kinder als weitaus leistungsfähiger einzuschätzen, als sie es tatsächlich sind. Die verminderte Leistung führen sie lediglich auf eine negative Reaktion auf den Unterricht zurück. Besorgte Eltern ihrerseits vermuten, daß sie zu große Anforderungen an ihre Kinder stellen, und schrauben diese zurück – anstatt der Sache auf den Grund zu gehen. Auch die Kinder sind verwirrt und frustriert, da sie bessere Leistungen bringen wollen, diese aber nur auf Gebieten erreichen, die mit Lesen und Schreiben nichts zu tun haben.

Prüfung von Hör- und Sehvermögen

Wenn es sich zeigt, daß ein Kind Probleme hat, in der Schule mitzuhalten, ist zunächst einmal zu prüfen, ob das nicht etwa an mangelndem Seh- oder Hörvermögen liegt.

Psychologische Untersuchung

Wenn Sehschärfe und Gehör normal funktionieren, ist es angeraten, sich einmal länger mit dem Klassenlehrer zu unterhalten, ob nicht ein psychologisches Problem vorliegt.

Gute Lehrer sollten in der Lage sein, Kinder auch jenseits ihrer (schlechten) schulischen Leistungen und dem oftmals damit verbundenen Störverhalten zu beurteilen und Hinweise zu geben, wo die Ursachen liegen könnten. Eventuell ist dann eine Untersuchung angebracht, um festzustellen, ob nicht psychische Probleme die verlangsamte Entwicklung des Kindes verursacht haben. Als Ergebnis einer solchen Untersuchung ließen sich dann – falls eine Legasthenie im engeren Sinne ausgeschlossen werden kann – realistische Leistungserwartungen unter Berücksichtigung des Entwicklungstempos des Kindes formulieren.

Tatsächliche Legasthenie

Es ist jedoch nicht immer einfach, eine leichte Legasthenie von verhaltens- oder psychologisch bedingten Lernschwierigkeiten zu unterscheiden: Resultiert das Störverhalten des Kindes aus den Lernschwierigkeiten oder resultieren umgekehrt die Lernschwierigkeiten aus störendem Verhalten – etwa, weil sich ein negatives Verhältnis zum Lehrer entwickelt hat? Die Frage kann entweder nur durch Beobachtung seitens des Lehrers (oder eines Schulpsychologen) oder durch einen speziellen Test gelöst werden.

Was kann getan werden?

Das Schulungs- und Trainingsprogramm hängt vom Grad der Lese- und Rechtschreibschwäche Ihres Kindes ab.

☀ Wenn Ihr Kind nur einen leichten Grad von Legasthenie zeigt, benötigt es vielleicht nur eine kurze Periode gezielten Lese- und Rechtschreibtrainings, um wieder den Anschluß zu finden.

Für Kinder, die an starker Legasthenie leiden, ist die Auseinandersetzung mit einem Leiden, das ständig neue Herausforderungen stellt, nicht leicht. Deshalb ist es oft angebracht, professionelle Hilfe in Anspruch zu nehmen, etwa die eines Psychologen, einer Erziehungsberatungsstelle oder des Bundesverbands für Legasthenie in Hannover (Adressen auch für Schweiz und Österreich siehe Anhang). Denn mit gezielten Schulungs- und Trainingsprogrammen – am besten zusammen mit einer Psychotherapie – kann Ihrem Kind der Umgang mit der Krankheit erleichtert werden. Wichtig ist, daß Sie sich als Eltern bewußt sind, daß Ihr Kind aufgrund dieser Schwäche nicht weniger intelligent ist, daß Sie dies auch immer wieder zum Ausdruck bringen und Ihr Kind bei all seinen Bemühungen entsprechend loben. Als Erleichterung ist es vielleicht ab und zu möglich, daß Ihr Kind den einen oder anderen Aufsatz einfach auf Tonband spricht oder mit der Schreibmaschine zu Papier bringt.

Zu Ihrer Beruhigung sei letztendlich gesagt, daß, obwohl die Legasthenie nicht „heilbar" ist (wie Farbenblindheit), dennoch die meisten Legastheniker aus diesem Problem „herauswachsen". Entweder sie wählen einen Beruf, bei dem die Rechtschreibung keine Rolle spielt, oder sie können früher oder später aufgrund ihrer Intelligenz ihre Schwäche kompensieren.

THEMA: Freundschaften

In diesen ersten Schuljahren freundet sich Ihr Kind mit vielen Altersgenossen an. Einige Freundschaften bleiben fürs Leben, andere kommen und gehen, bevor Sie überhaupt davon Notiz genommen haben. Welchen Stellenwert haben Freundschaften im Leben der Kinder dieser Altersgruppe tatsächlich?

Geschlecht des Spielpartners

Spielpartnerschaft

Bis zum Schulbeginn ist den Kindern eine Freundin oder ein Freund einfach jemand, mit dem man spielen kann. Das kann ein Kind sein, das man auf dem Spielplatz auf einer Wippe kennenlernt, oder ein Nachbarskind, das schon immer nebenan wohnt. Die Länge der Bekanntschaft ist für Kinder im Vorschulalter weniger ausschlaggebend als die Fähigkeit der potentiellen Partner zum Spiel. Den Fünfjährigen ist außerdem das Geschlecht des Spielpartners noch vollkommen gleichgültig.

86

Jungenfreundschaft – Mädchenfreundschaft

Das ändert sich erst mit Schulbeginn und scheint ein „natür-licher" Vorgang zu sein, auch wenn er durch die Umwelt Unterstützung erfährt. Denn mit der Einschulung beginnen die Interessen und Betätigungen von Jungen und Mädchen sich deutlicher zu unterscheiden als zuvor. Die Bereiche ge-meinsamen Spiels von Jungen und Mädchen engen sich dadurch stark ein.

Die sechsjährige Teresa sagt:

„Ein Freund ist jemand, den man mag, jemand mit dem man spie-len kann. Manchmal kön-nen Freunde auch böse sein, aber da mach' ich mir nichts draus."

Verschiedene Altersstufen

Freundschaftsbeziehung als Trostquelle

Noch bevor die Kinder sieben geworden sind, nehmen die Freundschaften eine neue Qualität an. Freunde und Freundinnen werden als Quelle des Trosts angesehen, sie sind Personen, die sich um einen kümmern. Die Freund-schaftbeziehung wird aus einer selbstzentrierten Sicht gese-hen mit der Betonung auf: Was bringt mir die Freundschaft?

Die achtjährige Sabine antwortet:

"Eine Freundin ist jemand, die sich um mich kümmert und um die ich mich kümmere. Mit ihr kann ich zusammen spielen. Sie vertraut mir, und wenn ich verletzt werde, kann ich bei ihr Trost suchen. Meine Freundin hält zu mir, wenn ich in Schwierigkeiten geraten bin. Sie ist ein ganz besonderer Mensch. Wenn ich keine Freundin hätte, würde ich gar nicht zur Schule gehen wollen. Die Welt wäre ganz schrecklich ohne meine Freundin."

Freundschaft als Interessengemeinschaft

Mit zunehmendem Alter wandelt sich jedoch auch diese Sicht. Die Kinder werden sich anderer Aspekte bewußt, gemeinsamer Interessen etwa oder der Erfahrung gegenseitiger Unterstützung. Und sie halten deshalb Ausschau nach gleichgesinnten Freunden, mit denen sie ihre Zeit verbringen möchten.

Klubs, Gangs und Fan-Klubs

Ab acht beginnen die Kinder sich in Klubs und Gangs zu organisieren, treffen sich an geheimen Orten und machen Paßworte unter sich aus. Diese Phase zieht sich bis etwa zwölf hin, wenn andere Anpassungsvorbilder aktiv werden.

Die Mädchen tun sich öfters in Gruppen zusammen, die ein gemeinsames Interesse verbindet, zum Beispiel in einem Fan-Klub. Die Jungen, vor allem die wilderen, bilden Gangs, deren Identität nicht selten von Comic-Serien im Fernsehen bestimmt wird.

Sollten Sie einen Jungen haben, sehen Sie seine Mitgliedschaft in einer Gang also durchaus als „normal" an, ja, ermutigen Sie ihn – falls er es nicht von sich aus tut –, sich mit Gleichaltrigen, die Sie mögen, zusammenzutun.

☀ Laden Sie die Gang zu sich nach Hause ein, um zu sehen, mit wem es Ihr Sprößling zu tun hat. Und ermutigen Sie Ihre Kinder, mit den Kindern von Freunden zu spielen, so daß es leichter für Sie ist, den Überblick zu behalten, wo sie sich aufhalten und mit wem sie zusammen sind.

Freundschaft als gegenseitiger Austausch

Im Alter zwischen neun und zwölf beginnen die Kinder, Freundschaften auch als Austausch zu verstehen. Auf dieser Basis des gegenseitigen Helfens und Unterstützens funktionieren auch die meisten Freundschaften von Erwachsenen. Der elfjährige Alexander sagt:

„Ein Freund ist eine gute Person, die einem aushilft. Mit Freunden hat man Spaß beim Spielen. Freunde sind nicht langweilig, sie sind interessant. Freunde helfen einander aus der Patsche."

Ältere und jüngere Freunde

Freundschaften zwischen Älteren und Jüngeren werden in unserer Kultur leider nur selten gefördert. Wir neigen dazu, unsere Kinder in strenge Altersgruppen einzuordnen und meinen, daß Kinder gleichen Alters mehr miteinander anfangen können als Kinder unterschiedlichen Alters.

Folgen der altersspezifischen Einteilung

In anderen Kulturen spiegeln die Kindergruppen mehr die Verhältnisse in den Familien wider, d. h., Cousins und Cou-

sinen, aber auch Nachbarskinder unterschiedlichen Alters
schließen Freundschaften und spielen miteinander. In unserer Gesellschaft scheint man sich zu sorgen, daß ältere Kinder, die mit jüngeren spielen, in ihrer sozialen Entwicklung
zurückbleiben, mit entsprechenden negativen Folgen für
ihre emotionalen und intellektuellen Fähigkeiten. Und für
die Jüngeren befürchten wir, daß sie Dingen ausgesetzt
sind, die sie noch nicht verstehen können, und daß sie
daher zu schnell reifen.

Die künstliche Einteilung in Altersstufen hat vor allem
negative Folgen für die Freundschaften zwischen Geschwistern. Wir erwarten zwar, daß Geschwister sich tolerieren,
aber wegen unserer Einstellung zu den Altersstufen erwarten wir nicht, daß sie Freunde werden. Freundschaften werden nur außerhalb der Familie geschlossen, so meinen wir
und tragen unmittelbar oder mittelbar dazu bei, die ge-
schwisterliche Rivalität zu schüren. Von Geschwistern wird
ohne weiteres angenommen, daß sie lediglich miteinander
um die Aufmerksamkeit der Eltern konkurrieren, keinesfalls
aber, daß sie harmonisch miteinander spielen können.

Positive Aspekte

Freundschaften zwischen Kindern unterschiedlichen Alters
haben aber durchaus positive Seiten. Die Älteren können
den Jüngeren beibringen, was sie schon gelernt haben, und
erfahren sich in einer beschützenden, Verantwortung über-
nehmenden Rolle. Die Jüngeren haben Vorbilder, an denen
sie sich orientieren können, und lernen von den Älteren
leichter als von Erwachsenen.

Die Kunst, Freundschaften zu schließen

Freundschaften zu schließen ist nicht immer einfach, vor
allem wenn das Kind in die Schule kommt und plötzlich

andere Bedürfnisse entwickelt, als nur jemanden zu finden, mit dem man spielen kann.

Wie wird man zum Freund?

Bevor das Kind Freundschaften schließen kann, muß es deshalb lernen, ein Freund zu sein. Ein Freund zu sein heißt, dem potentiellen Freund, also dem anderen Kind, das über eine passende Persönlichkeit verfügt und ähnliche Interessen hat, Unterstützung und Interessensanreize anzubieten.

Eltern, die diesem Erfordernis nicht Rechnung tragen, mögen dazu neigen, ihr Kind anderen Kindern aufzudrängen – nicht selten mit dem Ergebnis, daß das Kind zurückgewiesen wird.

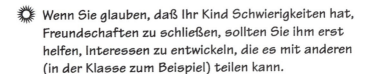 Wenn Sie glauben, daß Ihr Kind Schwierigkeiten hat, Freundschaften zu schließen, sollten Sie ihm erst helfen, Interessen zu entwickeln, die es mit anderen (in der Klasse zum Beispiel) teilen kann.

Allein die Tatsache, daß man das gleiche soziale Aktionsfeld teilt, macht noch keine Freunde.

Wie schließt man Freundschaften?

Am besten lernen Kinder Freundschaften zu schließen jedoch, indem sie andere Kinder beobachten und mit anderen Kindern Umgang pflegen. Wenn Ihr Kind sich unter anderen Kindern unmöglich aufführt, wird ihm das schnell gesagt. Das beeindruckt es sicherlich weitaus mehr als stundenlange Predigten der Eltern, daß es sich anderen gegenüber auf eine bestimmte Art verhalten soll.

Kinder bringen sich gegenseitig bei, wie man zur erträglichen Person wird – sie lernen Lieder, Späße und Spiele voneinander und sie lernen, wie sie die Kinderkultur weitergeben müssen.

Der beste Freund – die beste Freundin

Einen besten Freund oder eine beste Freundin zu haben bedeutet den Kindern sehr viel, vor allem den Mädchen, denen scheinbar daran liegt, eine besondere Vertrauensperson zu haben. Jungen scheinen sich eher in der Gruppe wohlzufühlen als die Intimität zu suchen, die eine enge Freundschaft mit einem besonderen Freund gibt.

„Das ist meine Freundin!"

Geschlechtsspezifische Freundschaften

Eltern, die im Zeichen der Emanzipation der Geschlechter dazu beitragen wollen, ihre Kinder aus überkommenem Rollenverhalten herauszulösen, können versuchen, enge

Freundschaften ihrer Söhne und die Teilnahme ihrer Töchter an Gruppenfreundschaften zu fördern.

Denn die engen Beziehungen, zu denen Mädchen tendieren, sind selten eitel Sonnenschein, sondern oft von durchaus bösartigen Eifersüchteleien und Sticheleien geprägt, vor allem am Anfang und am Ende der Beziehungen. Solchermaßen vorprogrammiert, haben nicht wenige erwachsene Frauen Schwierigkeiten, solidarische Beziehungen zu anderen Frauen aufzubauen, insbesondere dann, wenn sie in ein Konkurrenzverhältnis um einen Mann treten. Jungen hingegen machen in den Gruppen selten die Erfahrung von Intimität, ein Mangel, der später den Charakter ihrer Beziehungen zu ihren Partnerinnen beeinträchtigen kann.

Das Ende einer Freundschaft

Konflikte zwischen den Kindern sind unvermeidlich. Das bedeutet, daß Sie an irgendeinem Punkt als Ratgeber gefragt sind, der die Konflikte des Kindes mit anderen lösen oder eine Freundschaft beenden helfen muß.

 **Als allgemeine Regel gilt, daß es besser ist, die Kinder ihre Konflikte selbst regeln zu lassen.**

Wenn Ihre Hilfe über Ratschläge und Mitgefühl hinausgeht, wird sie als Einmischung empfunden und kann für Ihr Kind, eine große Quelle der Peinlichkeit sein.

Trennung durch Umzug

Das Ende einer Freundschaft ist für viele Kinder, vor allem beim ersten Mal, eine sehr schmerzhafte Erfahrung. Wenn der Grund ein Umzug ist, können entsprechende Abschiedsfeste den Übergang erleichtern. Geht es in eine andere Stadt, können Besuche in den Ferien und ein regelmäßiger Briefverkehr solange die Brücke schlagen, bis der

Trennungsschmerz nachläßt oder andere Freunde die Lücke geschlossen haben.

Trennung aufgrund unterschiedlicher Interessen

Eine Freundschaft kann auch enden, weil sich die Interessen der Kinder auseinanderentwickelt haben, vielleicht auch, weil ein neuer Freund auf den Plan getreten ist.

Falls Ihr Kind das zurückgewiesene ist, ist es hilfreich, ihm zu erklären, daß es völlig in Ordnung ist, wütend, verletzt oder traurig zu sein.

Sagen Sie Ihrem Kind, daß es neue Freunde geben wird, auch wenn es Ihnen das zunächst nicht glaubt. Erträglich machen kann den Schmerz auch der Hinweis darauf, daß Sie selbst bereits einmal ähnliche Erfahrungen gemacht haben.

Jeden Tag Kinderbesuch?

Kinder können von ihren Freunden gar nicht genug bekommen und wollen zu jeder Zeit und bei jeder Gelegenheit mit ihnen zusammensein.

Da Freundschaften ein sehr wichtiger Bestandteil der emotionalen Entwicklung Ihrer Kinder sind und Raum zur Entfaltung brauchen, sollten Sie sich die Mühe machen und Ihr Heim den Freunden Ihrer Kinder öffnen, wann immer es möglich ist. Gleiches gilt für die Besuche Ihrer Kinder bei ihren Freunden, wobei Sie allerdings um die Kontaktaufnahme und Absprache mit den Eltern der Kinderfreunde nicht herumkommen.

☀ Am besten ist es, von Anfang an klare Verhältnisse zu schaffen. Etwa in der Art, daß Besuche nur am Wochenende oder nur nach vorherigem Einverständnis beider Eltern stattfinden können.

95

Jenny ruft ihre Mutter ans Telefon und verhandelt:

„Kann Jenny zum Spielen vorbeikommen, Mami?"

„Heute nicht; wir haben etwas anderes vor."

„Nur für eine kleine Weile?"

„Nein, du weißt, daß deine Freunde nur am Wochenende und nur nach vorheriger Absprache vorbeikommen dürfen."

„Kann sie dann nächstes Wochenende vorbeikommen?"

„ Ja, wenn ihre Mutter auch einverstanden ist."

„Prima, danke, Mami."

Die Freunde Ihrer Kinder gefallen Ihnen nicht

Am besten ist es wohl, wenn Sie für sich behalten, was Sie von den Freunden Ihrer Kinder halten. Wenn Sie mit den Freunden nicht einverstanden sind, können Sie Ihre Kinder sanft dazu anregen, neue Freundschaften einzugehen, ohne die derzeitigen Freunde negativ zu beurteilen. Abfällige Äußerungen können im Gegenteil noch zu einer Festigung dieser Freundschaften führen. Ein positive Beschreibung der erwünschten Qualitäten ist vielleicht noch am ehesten geeignet, das Ziel zu erreichen.

Zusammenfassung

Freundschaften schließen zu lernen ist eine der wichtigen Fähigkeiten, die während der Kindheit zu lernen sind. Kinder, die diese Fähigkeit nicht in den ersten Schuljahren erwerben, gründen auch in späteren Jahren und als Erwachsene schwer Freundschaften. Freundschaften sind der erste Schritt zur Unabhängigkeit vom Elternhaus und gehören zum wichtigen Rüstzeug fürs spätere Leben.

☀ Wo immer Sie können, sollten Sie Ihre Kinder ermutigen, Freundschaften einzugehen.

97

Überschäumende Achter

Jetzt kommen wir!

Achtjährige machen sowohl physisch als auch psychisch einen großen Sprung nach vorn. Sie beginnen sich viel stärker für die Erwachsenenwelt zu interessieren; und am liebsten halten sie sich in Hörweite der Erwachsenen auf, um herauszufinden, worüber diese reden.

Achtjährige sprudeln vor Energie und Lebenskraft: „Ich kann es kaum erwarten!" ist der Schlachtruf dieses Alters. Während Siebenjährige eher vorsichtig und zurückhaltend zu Werke gehen, sind die Achtjährigen unternehmungslustig und mutig. Allerdings können sie häufig die Grenzen ihrer Fähigkeiten noch nicht richtig einschätzen, daher ist mit Unfällen, zum Beispiel beim Sport, durchaus einmal zu rechnen.

Rat und Tat für jeden Tag

Essen und Trinken †O†

Achtjährige haben einen Bärenhunger – sie müssen ja ihre Energiereserven immer wieder auffüllen. Wenn sie wollen, können sie schon ganz manierlich essen – d. h., sie besorgen das Schneiden selbst und benutzen Messer, Gabel und Löffel ganz im Sinne des Erfinders.

Anziehen und Kleidung

Das Anziehen ist für sie in der Regel kein Problem mehr, mit Knöpfen und Reißverschlüssen, sofern einfach erreichbar, kommen sie ohne Schwierigkeiten zurecht. Die Kleidung an sich wird für die Achtjährigen immer interessanter,

99

„Geh schon mal weiter, Lisa, ich
habe mit Frau Weber etwas zu
besprechen."

„Ich will aber zuhören, Mami."

„Nein, das geht nicht, Liebling,
wir haben es lieber, wenn du mit
deinen Freundinnen spielst,
während wir uns unterhalten."

„Also gut, aber redet nicht über
mich!"

ja, sie entwickeln ein regelrechtes Modebewußtsein. Sie
sind sich ihrer selbst bewußt und bemühen sich um ein
möglichst „individuelles" Aussehen (ohne Rücksicht auf
den Geschmack ihrer Eltern). Gefärbte Haare und coole
Sonnenbrillen gehören ganz selbstverständlich zu ihrem
Outfit. Und ständig sind sie dabei, ihr Erscheinungsbild hinsichtlich Größe, Gewicht und anderer physiognomischer
Aspekte zu überprüfen.

Baden und Toilette

Die Badewanne wird bei ihnen zur Theaterbühne, auf der
sie ihrer Phantasie freien Lauf lassen können – mit Über-
schwemmungen muß gerechnet werden.

100

Spaß und Spiel ▲

Achtjährige können bereits ordentlich lesen, dennoch möchten sie immer noch am liebsten vorgelesen bekommen, vor allem aus Büchern, die für sie noch zu schwierig zu lesen sind. Dies gibt den Eltern die Chance, auch jene Geschichten miteinzubringen, die sie in ihrer Jugend besonders mochten, oder sogar eigene Geschichten zu erfinden.

☀ Die Bücher, die Sie jetzt vorschlagen, sollten zunehmend mehr Text beinhalten: Nur dann müssen die Kinder ihre Phantasie gebrauchen, um aus den Buchstaben eigene Bilder im Geist zu formen.

Dies macht nicht nur mehr Spaß, es fördert auch das kreative Potential der Kinder, das oftmals durch die Bilder des Fernsehens zu stereotypen Ausdrucksformen geführt wird.

Ordnung und Chaos

Glücklicherweise (und mit etwas Nachhilfe) kann man Achtjährigen schon den positiven Aspekt von Ordnung nahebringen. Und tatsächlich halten sie bestimmte Bereiche bald tadellos sauber. Viele Eltern hoffen (oft vergeblich), daß der Ordnungswille auch das Kinderzimmer mit einschließt. Das allerdings funktioniert nur, wenn sie das Zimmer nicht mit Geschwistern teilen: Will man sie dort zur Ordnung anhalten, ist das relativ aussichtslos – wer wollte feststellen, welches Chaos von welchem Kind stammt. Eher wird es so sein, daß die Achtjährigen das Chaos noch vergrößern, um endlich ein eigenes Zimmer zu bekommen.

Andererseits sind Achtjährige sehr empfindlich, was den eigenen Besitz angeht, und können es gar nicht leiden, wenn andere damit nicht sorgsam umgehen.

101

Informationshunger

Achtjährige entwickeln einen großen Appetit auf Informationen über die Welt – das ist auch der Grund, warum sie unbedingt den Gesprächen der Erwachsenen zuhören möchten. Nicht wenige Eltern fühlen sich von ihren Achtjährigen geradezu verfolgt, weil sie sich immer dicht an sie halten, um ja nichts zu verpassen. Und dabei wollen sie stets alles ganz genau wissen. Mit Halbwahrheiten geben sie sich nicht zufrieden. Sie versuchen sich an eigenen Theorien über die Dinge und verlangen von Ihnen ein Urteil darüber, ob sie falsch oder richtig liegen. Durch Irrtum und Fehlschlag bilden sie sich ihre eigene Meinung.

Besonders freuen sich die Achtjährigen darüber, wenn Sie sie auffordern, selbst etwas herauszufinden (zum Beispiel im Lexikon) und darüber zu „berichten".

Sammelleidenschaft

Achtjährige entwickeln sich zu großen Sammlern, denn alles ist für sie von Interesse. Daher wird sich Ihre Wohnung mit vielerlei Dingen füllen: Abziehbilder, Steine, Insekten, Bierdeckel, Briefmarken, Blätter, Kastanien, einfach alles, was in den Augen der Achtjährigen von Wert ist. Außerdem fangen sie an, auch Geld zu sammeln.

Umgang mit Geld

Eltern können nun beginnen, den Umgang mit Geld zu trainieren: In gewissen Fällen kann es als Belohnung oder als Ansporn eingesetzt werden, unangenehme Dinge zu erledigen. Ein eigenes Sparkonto bei der Bank bietet den Achtjährigen zusätzlichen Anreiz zum Sparen (sie können das Geld „wachsen" sehen und können sich ausmalen, was sie dafür kaufen möchten).

☀ Wenn sich Ihr achtjähriges Kind etwas Besonderes wünscht, können Sie den Ansparprozeß beschleunigen, indem Sie ihm beispielsweise Aufgaben im Haushalt geben, die es gegen Lohn erledigen kann.

Aufklärung

Den Fragen der Achtjährigen über das Woher der Babies kann man jetzt kaum mehr ausweichen. Sie möchten nun genau wissen, wie die Babies in den Bauch der Mutter hinein- und wieder herauskommen. Wenn Sie sich in der Vergangenheit nicht in Vergleiche mit Bienen und Blumen geflüchtet haben, wird Ihre Achtjährige oder Ihr Achtjähriger jetzt durchaus detaillierte Erklärungen akzeptieren können. Sie sollten jedoch die Kinder bitten, diese Erklärungen nicht sofort brühwarm an Freunde oder jüngere Geschwister weiterzugeben.

103

☀ Wenn das Interesse an Ihren (vermutlich komplizierten) Ausführungen nachläßt, belassen Sie es einfach dabei. Fahren Sie ein anderes Mal fort, wenn Sie
wieder befragt werden.

„Christoph , hat einen kleinen Bruder bekommen,
Mami."

„Der muß aber schön aufgeregt sein."

„Stimmt, er hat mir alles genau erzählt. Aber wir waren
uns nicht klar darüber, wie das Baby herausgekommen
ist."

„Wie glaubst du denn, daß es herauskommt?"

„Durch den Bauchnabel ..., glaub' ich?"

„Das stimmt nicht. Babies kommen meistens durch die
Vagina der Mutter heraus. Die weitet sich so, daß das
Baby durchpaßt."

„Aber wie ist es denn da überhaupt hineingekommen?"

„Der Papi legt seinen Samen in die Mami hinein, um das Ei zu befruchten."

„Wie macht er das denn?"

„Wenn Papi und Mami ein Kind haben wollen, dann schlafen sie miteinander. Das fängt normalerweise mit Küssen und Umarmen an, damit Papis Penis groß und hart wird und in Mamis Vagina hineinpaßt. Dort legt er dann den Samen ab. Den Samen nennt man auch Sperma."

„Und was passiert dann?"

„Das kommt darauf an. Wenn die Mami zu der Zeit ein reifes Ei im Bauch hat, schwimmt das Sperma dorthin und verbindet sich mit dem Ei. Daraus entwickelt sich dann im Uterus – das ist ein spezieller Sack im Unterleib der Mami – das Baby. Anschließend dauert es neun Monate, bis das Baby fertig ist und auf die Welt kommt."

Problem: Kindesmißhandlung

Es gibt Menschen, die die vertrauende Natur von Kindern ausnützen und sie psychisch, physisch oder sexuell mißhandeln. Leider tun dies auch Eltern, wenn sie ihre elterliche Autorität mißbrauchen.

Psychische Mißhandlung

Auswirkungen

Psychische Mißhandlungen von Kindern sind naturgemäß schwer festzustellen und dementsprechend schwer zu behandeln oder zu verhindern. Äußerlich mögen die Kinder unbeschädigt wirken, in ihrem Inneren jedoch richten die psychischen Mißhandlungen verheerende Schäden an, deren negativer Einfluß auf die kindliche Entwicklung nicht hoch genug eingeschätzt werden kann. Um psychische Mißhandlung handelt es sich, wenn Eltern dem Kind Liebe

105

vorenthalten oder auf das Kindverhalten sehr schwankend und ohne klare Linie reagieren oder auch, wenn sie sich dem Kind gegenüber kalt und abweisend oder aggressiv und verbal herabsetzend verhalten.

„Himmel, bist du dumm. Verstehst du denn überhaupt nichts?"

„Entschuldigung, Papi, ich konnte das einfach nicht."

„Was, das konntest du nicht? Bei dir ist Hopfen und Malz verloren, du taugst wirklich nichts! "

Was sich dagegen tun läßt

Alle Botschaften, die wir unseren Kindern vermitteln, insbesondere aber Botschaften, mit denen wir sie als Person abqualifizieren, prägen sich ihrer kindlichen Psyche ein und beeinflussen entscheidend ihr Selbstbild. Wenn wir Dummkopf zu einem Kind sagen, nimmt es das als bare Münze und „wird" (bei entsprechender Wiederholung) zum Dummkopf. Deshalb lautet eine der wichtigsten Regeln der Kindererziehung:

☀ Niemals die Person des Kindes („du böser Junge, du dummes Mädchen"), sondern immer nur das unangemessene Verhalten („schlagen ist schlecht") negativ bewerten.

Physische Mißhandlung

Gewalt gegen Kinder

Anders als früher gelten heute bereits harte Schläge mit der Hand als körperliche Mißhandlung (der Klaps auf den Popo mag gerade noch als tolerabel angesehen werden). Das in allen zivilisierten Ländern anerkannte Grundrecht der Menschenwürde schließt insbesondere auch das Recht

106

auf körperliche Unversehrtheit mit ein. Und es dürfte niemand bestreiten wollen, daß Kinder ebenfalls unter dem Schutz dieses Grundrechts stehen.

Unter keinen Umständen Gewalt gegenüber Kindern muß es schon aus dem Grund heißen, weil die Grenzen zwischen systematischer und „zufälliger" (dem „Ausrutscher") Gewalt, sprich Mißhandlung, fließend sind.

Was sich dagegen tun läßt

Sollten Sie befürchten müssen, daß Sie Ihre Kinder körperlich züchtigen, wenn Sie in Wut geraten sind, dann sollten Sie sich erst einmal von Ihren Kindern entfernen, um an einem anderen Ort wieder zur Vernunft zu kommen (zum Beispiel im Schlafzimmer, wo Sie die Matratze mit den Fäusten traktieren können, oder auf einem langen Spaziergang, wo Sie die Wut „ablaufen" können). Sobald Sie sich beruhigt haben, können Sie dann ihre Kinder mit Worten und Strafmaßnahmen (in die Ecke stellen, ins Zimmer sperren, Vergünstigungsentzug) maßregeln.

Sollten Sie wiederholt nicht in der Lage sein, die Kontrolle über sich zu behalten, ist es wichtig, professionellen therapeutischen Rat einzuholen. Eine weitere Möglichkeit ist, die Probleme, die zu den Gewaltausbrüchen führen, einmal im Rahmen eines familientherapeuthischen Gesprächs zu erörtern. Die Erziehungsberatungsstelle in Ihrer Stadt gibt Ihnen Auskunft, wo Sie vertraulich mit einem Therapeuten sprechen können.

Sexuelle Mißhandlung

Wo sie stattfindet

Der sexuelle Mißbrauch von Kindern ist erst in letzter Zeit in vollem Umfang ins Bewußtsein der Öffentlichkeit gelangt. Lange gab man sich mit der althergebrachten und

„beruhigenden" Vorstellung von der „fremden Gefahr" zufrieden, vom Mann im Regenmantel, der kleine Mädchen mit Lutschern ins Auto lockt. Diese Vorstellung mußte jedoch korrigiert werden.

Untersuchungen haben gezeigt, daß sexueller Mißbrauch überwiegend in der Familie und im Freundes- oder Bekanntenkreis stattfindet (und Gewalt nicht unbedingt eine Rolle spielt). Gerade das vertraute soziale Umfeld erleichtert offensichtlich den sexuellen Mißbrauch, anstatt ihn zu erschweren. In vielen Fällen ist außerdem korrekterweise von Inzest zu sprechen.

Was sich dagegen tun läßt

Aus diesem Grund besteht die beste Strategie zur Verhinderung sexuellen Mißbrauchs (und auch inzestuöser Beziehungen) weniger in einer Verfolgung und Abschreckung der Täter als in einer Stärkung und Beschützung der Opfer.

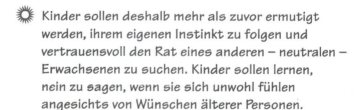
Kinder sollen deshalb mehr als zuvor ermutigt werden, ihrem eigenen Instinkt zu folgen und vertrauensvoll den Rat eines anderen – neutralen – Erwachsenen zu suchen. Kinder sollen lernen, nein zu sagen, wenn sie sich unwohl fühlen angesichts von Wünschen älterer Personen.

Kindern muß die Sicherheit gegeben werden, daß sie das Recht haben, Annäherungsversuche von Erwachsenen (seien diese fremd oder bekannt) zurückzuweisen. Und sie müssen das Vertrauen gewinnen können, daß es Menschen gibt, die zuhören und glauben, was ihnen die Kinder erzählen (vielleicht kann man diese Vertrauenspersonen schon im voraus benennen).

Im akuten Fall können Kinder (so sie alt genug sind) beispielsweise beim Kinderschutzzentrum des Deutschen Kinderschutzbundes in München anrufen (Adresse s. Anhang).

THEMA: Freizeitgestaltung

Welche Aktivitäten interessieren?

Niemals Langeweile! Und entsprechend der Entwicklung von immer neuen Fertig- und Fähigkeiten halten sich Kinder zwischen fünf und elf Jahren meist nicht lange mit „alten" Aktivitäten auf. Für die Eltern kann es deshalb recht anstrengend sein, den Überblick über Interessen, Fähigkeiten und Freunde ihrer Kinder zu bewahren. Auf der anderen Seite finden viele Kinder gerade in diesem Alter eine für sie passende Aktivität, die ihnen als Hobby das ganze Leben über bleibt. Schauen wir uns also die Aktivitäten an, die Kinder dieser Altersgruppe interessieren.

„Mir ist soooo langweilig!"
„Ich weiß gar nicht, was ich tun soll!"

Spielend lernen

Spielen bedeutet für Kinder nicht nur Zeitvertreib wie für die Erwachsenen, sondern ist für sie eine reale, ernstzunehmende Tätigkeit. Spielen – nach einem Vorbild tätig sein – heißt lernen: sowohl lernen voneinander als auch experimentieren mit den Dingen, die gerade gelernt werden. Als Eltern sollten wir das berücksichtigen und das Spiel als eine Möglichkeit begreifen, durch die sich Interessensbildung und Fähigkeiten unserer Kinder entwickeln.

Einige Eltern meinen, spielen sei Zeitverschwendung und halte die Kinder vom „wirklichen" Lernen ab. Doch der „akademische" Wissenserwerb schließt keine physischen, sozialen und psychologischen Aspekte mit ein. Und diese sind neben dem reinen Wissenserwerb nicht minder wichtig für die Entwicklung der Kinder.

Auch Kindergärten und Grundschulen tragen heute der Erkenntnis in zunehmendem Maß Rechnung, daß Kinder viel besser „spielend" lernen.

Spielzeug

Die meisten Kinder können zum Zeitpunkt ihrer Einschulung eine respektable Spielzeugkollektion ihr eigen nennen. Vieles davon kam meist ohne ihr Zutun in ihren Besitz. Das ändert sich jedoch schlagartig, sobald sie in den Einflußbereich ihrer Altersgenossen in der Schule kommen.

Von da an produzieren sie eine nie enden wollende – und unserem heutigen Konsumverhalten entsprechende – Wunschliste: Diese reicht vom althergebrachten Fahrrad, Skateboard und Tennisschläger bis hin zum neuesten Modespielzeug aus der Fernsehwerbung. Egal, was Sie Ihren Kindern kaufen oder sich weigern zu kaufen, die „anderen Kinder" sind anscheinend immer einen Schritt voraus, haben immer etwas Besseres, Neueres, Teureres.

„Aber Hannes hat ein doppelt so großes Auto – ich will auch so eines!"

Was soll gekauft werden?

Einerseits ist es schon aus Kostengründen angeraten, Spielzeug zu kaufen, das nicht sofort aus der Mode kommt. Aber das ist nicht so einfach: Wer hätte schon gedacht, daß ausgerechnet Barbie-Puppen ewige Renner bleiben würden (und gar in der zweiten oder dritten Generation eingesetzt werden können). Und immer vor Weihnachten marschieren ganze Gruppen von Waffen schwingenden Superhelden über den Fernsehbildschirm: Und wenn sie zu Hause ausgepackt werden, sind es steife Männchen, die bald unbeachtet in der Ecke landen.

111

☀ Greifen Sie beim Spielzeugkauf lieber auf die
bewährten „Schlager" von gestern zurück!
Lassen Sie Ihre pädagogische Intuition walten,
kaufen Sie bevorzugt Spielzeug, das Ihr Kind
zu kreativem Tun animiert.

Doch wenn es Ihnen nicht gelingt, Ihrem Nachwuchs das
neueste Superspielzeug auszureden, kann es auf lange
Sicht hin preisgünstiger sein, das ersehnte Spielzeug zu
kaufen, als auf eine billigere oder pädagogisch wertvollere
Variante auszuweichen. Kinder sind ziemlich hartnäckig
und lassen sich in der Regel kaum auf Alternativen ein. Sie
laufen dann Gefahr, mit einer Reihe von Ersatzstücken im
Schrank zu enden. Und wenn das Kind dann schnell das
Interesse an dem neuen Superding verliert, können Sie
beim nächsten Spielzeugwunsch Ihres Kindes auf diese Tatsache hinweisen.

Nicht immer lohnt sich die Mühe, die Interessen und
Wünsche der Kinder dieser Altersgruppe vorauszuahnen:
Denn das, was den Eltern gefällt, erregt oft keine Spur von
Interesse mehr bei den Sprößlingen – es sei denn, die beste
Freundin oder der beste Freund hat es schon.

Spiele

Jetzt können Sie auch Ihren Kindern die Spiele beibringen,
die Ihnen in Ihrer Kindheit Spaß gemacht haben und die
Sie vielleicht heute noch gerne spielen. Kartenspiele sind
hier die ewigen Favoriten.

Für die Fünfjährigen sind vor allem Vergleichsspiele wie
„Memory" oder einfache Würfelspiele interessant. Damit
die Kleinen auch das Gefühl haben, wirklich mitzuspielen,
können Erwachsene oder ältere Kinder in puncto Spielregeln durchaus mal ein Auge zudrücken. Das fördert den
Spaß an der Sache.

Ältere Kinder dagegen können bereits in die Regeln von Rommé, Skat, Doppelkopf, Kanasta und so weiter eingewiesen werden, wobei Sie natürlich je nach Alter Abstriche bei den (manchmal komplizierten) Regeln machen sollten. Kartenspiele vermögen nicht nur das Kombinationsvermögen der Kinder anzuregen, sondern auch ihre rechnerischen Fähigkeiten zu schulen.

☀ **Wenn Ihnen selbst an Kartenspielen nichts liegt, versuchen Sie die Großeltern oder andere Partner zum Spiel mit Ihren Kindern zu bewegen.**

Großeltern werden auf diese Weise viele glückliche Stunden mit ihren Enkeln verbringen.

Mit der Entwicklung der Fähigkeit, zu lesen und logisch zu denken, bieten sich unzählige Brettspiele an. Hier lernen die Kinder zu warten, bis sie an der Reihe sind, Entscheidungen zu treffen und mit Würde zu verlieren. Gemeinsame Spiele sind vor allem in Sondersituationen wie in den Ferien und bei Verwandtenbesuch eine Bereicherung.

Bücher

Lesen ist eine der wichtigsten Fertigkeiten in unserer Welt. Insbesondere aber besitzt das Buch, im Gegensatz zu den neuen „visuellen Medien" der Informationsgesellschaft (sprich Fernsehen, Video, Computer), die einmalige Qualität, die Phantasie des Lesers anzuregen und dabei Intellekt und Denkvermögen zu entwickeln und zu schulen. Fördern Sie das Lesen, wo Sie nur können, ohne Ihre Kinder zu sehr zu bedrängen.

Wie Kinder heute lesen lernen

Lesen wird heutzutage vor allem über die Bedeutungsinhalte der Worte gelernt. Die Kinder werden ermutigt, Bücher

113

wegen der interessanten Geschichte zu lesen. Dabei kommt es weniger darauf an, daß die Kinder jedes einzelne Wort verstehen oder richtig aussprechen, als vielmehr darauf, daß sie den inneren Zusammenhang der Geschichte herstellen können. Dieser Aspekt wird auch beim Vorlesen in der Klasse berücksichtigt, denn wichtiger ist es, daß die Kinder der Geschichte folgen können, als daß sie andauernd durch Korrekturen unterbrochen werden. Letzteres bewirkt zudem, daß das Lesen mechanisch wird, sodaß das Kind zwar jedes einzelne Wort versteht und wiedererkennt, aber die Worte insgesamt nicht verbinden und zu einer Geschichte zusammenfügen kann.

Kinder lesen gerne

Für Fünfjährige heißt „lesen" im wesentlichen noch, Bilder anzuschauen und sich zu erinnern, welche Worte zu den Bildern passen. Daher lieben sie in der Regel große bunte Bilderbücher mit wenig Text. In den Kinder- und Jugendbüchern für die älteren Kinder verlieren die Bilder an Bedeutung, sie dienen dann hauptsächlich dazu, die Geschichte zu illustrieren und interessant zu machen. Schließlich bleiben die Illustrationen ganz aus, so daß die Bilder allein mit Hilfe der Phantasie aus den Buchstaben erzeugt werden müssen.

Vermutlich werden Sie bei weitem nicht all diejenigen Bücher kaufen können, für die sich Ihre Kinder interessieren. Hier sind die Stadtbibliotheken mit ihren besonderen Jugendabteilungen, die oft eine wahre Fundgrube sind (und wo man übrigens auch Spiele ausleihen kann) der beste Ausweg.

☀ **Wenn möglich, sollten Sie Ihren Kindern zu festlichen Anlässen wie Geburtstagen und Weihnachten immer auch ein Buch beilegen.**

Wenn Kinder nicht lesen wollen

Einige Kinder finden keinen Spaß am Bücherlesen. Sie sollten als Eltern dennoch versuchen, sie zum Lesen zu ermutigen, indem Sie die Bücher jederzeit in der Nähe lassen oder selbst vorlesen. Auch wenn Sie selbst viel lesen, wird das die Kinder animieren, zum Buch zu greifen. Eine andere Möglichkeit wäre, auf Comics auszuweichen, wo die Worte nur als Kommentare zu den Bildern fungieren. Inhalte und Qualität von Comics schwanken aber so stark, daß Sie sich ein Bild von den jeweiligen Heften machen sollten, bevor Sie diese an Ihre Kinder weitergeben.

Musik

Das „natürliche" Interesse der Kinder an Musik kann auf vielfältige Weise gefördert werden. Wenn Ihre Kinder gerne Musik hören, dann bieten Sie ihnen so oft wie möglich die Gelegenheit dazu. Möchten sie ein Instrument lernen, stimmen Sie begeistert zu und organisieren Sie den Unterricht.

Interesse an Musik wecken

Das Interesse für Musik kann vertieft werden, wenn Sie mit den Kindern Konzerte jeder Art besuchen. Diese finden nicht nur abends statt, und es müssen auch nicht immer hochprofessionelle Darbietungen sein. Halten Sie Ausschau nach kostenlosen „Live-Aufführungen" anläßlich von Festen und Veranstaltungen.

Wenn Sie zu Hause Musik „aus der Konserve" spielen lassen, versuchen Sie die Kinder zum aufmerksamen Zuhören zu bewegen. Regen Sie sie an, mit einfachen Schlaginstrumenten – Kochtöpfen, Trommeln, Rasseln – die Musik zu begleiten (sofern Ihnen der Lärm nichts ausmacht).

Ein Instrument lernen

Der nächste Schritt zu einem Leben mit Musik wäre es, anzubieten, ein Instrument zu lernen. Bevor Sie hier Entscheidungen treffen (den Klavierunterricht buchen), sollten Sie versuchen, herauszubekommen, welches Instrument Ihr Kind bevorzugt und für welches es am besten geeignet ist.

An vielen städtischen Musikschulen finden Einführungsver-
anstaltungen statt, bei denen man sich ein Bild von den einzelnen Instrumenten machen, einen Probeunterricht nehmen und auch Instrumente ausleihen kann. Wenn Ihre
Kinder dann mit dem Unterricht beginnen, können auch Sie
das tun, was Sie schon immer tun wollten, in Ihrer Kindheit
aber versäumt haben – nämlich ein Instrument erlernen.

Haben Sie und Ihr Kind sich für einen Instrumentalunter-
richt entschieden, können Sie Privatunterricht nehmen oder
nach Einrichtungen Ausschau halten, die Lehrmethoden
anwenden, die besonders auf Kinder abgestimmt sind (zum
Beispiel private oder städtische Jugendmusikschulen).

Auch wenn Ihre Kinder nie über die Tastenbedienung
des Kassettenrekorders hinausgelangen sollten, ist es wichtig, daß sie das Interesse für Musik nicht verlieren. Denn
gemeinsam mit Freunden Musik zu hören oder für eine
bestimmte Musikrichtung zu schwärmen gehört zur Kom-
munikationsentwicklung in diesem Alter.

☀ **Machen Sie selbst mit! Zu Ihrem eigenen Vergnügen,
aber auch, um Ihren Kindern in den Phasen, in denen
sie das Musikmachen aufgeben wollen, helfend zur
Seite stehen zu können.**

Basteln

Das Basteln umfaßt Aktivitäten, die vom einfachen Falten,
Kleben, Schneiden über Stricken, Nähen, Häkeln oder Töp-
fern bis zum Bau von Modellflugzeugen reichen. Je nach
Interesse und Alter können immer mehr Bereiche miteinbe-
zogen werden.

Wenn die Kinder Feuer gefangen haben, haben Sie auf
Jahre hinaus keinen Mangel an Dekorationsobjekten mehr

zu befürchten. Abgesehen davon, fällt es unbegabten Eltern aber am leichtesten, in den Kindern Interesse zu entfachen und aufrechtzuerhalten, wenn sie sich auf Basteleien konzentrieren, die sie selbst als Kinder beherrschten.

Nichts macht mehr Spaß, als zuzusehen, wie Kinder sich an der Herstellung und am Ergebnis ihrer Basteleien freuen. Auch hier ist es wichtig, zu erinnern, daß die ersten (vielleicht fehlgeschlagenen) Versuche noch kein Hinweis auf die letztendlichen Fähigkeiten beinhalten. Loben Sie jeden Erfolg, die sie erzielen, und bewundern Sie, wie sich Kinder in kurzer Zeit aus unbeholfenen Anfängen zu wahrer Meisterschaft emporschwingen.

Haustiere

Haustiere sind für Kinder eine wunderbare Gelegenheit, Verantwortung für ein anderes Lebewesen zu übernehmen, Kameradschaft und liebevolle Zuneigung zu lernen und miteinander zu verbinden.

Haustiere sind für Kinder Spiel- und Ansprechpartner und wissenschaftliche Objekte zugleich. Mit ein bißchen Planung und Organisation können Tiere für alle Mitbewohner oder Familienmitglieder zu einem Vergnügen werden.

Und Kinder, die Angst vor Tieren haben, können im täglichen Umgang ihre Angst abbauen und langsam mit den Tieren Freundschaft schließen.

Waren die Haustiere schon da, bevor die Kinder geboren wurden, sollten Sie frühzeitig versuchen, die Kinder mit in die Pflegeroutine und die Verantwortung miteinzubeziehen. Kommen die Tiere auf Wunsch der Kinder ins Haus, sollten Sie sich überlegen, wieviel Zeit und Mühe Sie dafür aufwenden wollen – vor allen Dingen, wenn das anfängliche Interesse der Kinder nachläßt und schließlich Sie selbst zum Haupttierpfleger aufsteigen.

Tierpflege

Das Ausmaß, in dem Kinder die Pflegeverantwortung übernehmen können, hängt naturgemäß von ihrem Alter und
der Größe des Objekts ab – und ist beschränkt. Fünfjährige
können wohl das Füttern übernehmen, wenn man Ihnen
zeigt, was und wieviel sie geben sollen und wo es aufbewahrt wird. Doch in der Regel werden Sie selbst für die Tiere zu sorgen haben, nicht zuletzt weil Kinder Tiernahrung
oft gräßlich finden.

Ähnliches gilt für die Beseitigung der Exkremente, das
Waschen und Kämmen. Das Reinigen von Käfigen zum Beispiel ist von den Kindern kaum zu bewältigen, zumal wenn
der Insasse gefiedert ist und sich aus dem Staub machen
kann.

Haustiere bringen den Kindern (und Ihnen) viel Freude, fördern in den Kindern das Mitgefühl für ihre Mitlebewesen und sind für die Charakterbildung der Kinder unzweifelhaft von großem Vorteil.

☀ Treffen Sie die Wahl Ihres Haustieres mit Bedacht, damit weder Sie damit überfordert sind, noch das Tier darunter leidet.

Pfadfinder und ähnliche Vereinigungen

Wenn Sie möchten, daß Ihre Kinder mit anderen Kindern zusammenkommen, Spaß haben und dazu noch etwas Nützliches lernen, bietet es sich an, Ihre Kinder ab dem Schulalter in einer Vereinigung wie beispielsweise dem Pfadfinderverein anzumelden. Viele privaten oder kirchlichen Vereinigungen sowie die Jugendgruppen einiger Umweltschutzverbände bieten vielfältige Freizeitprogramme an und eignen sich besonders für Kinder, die sich weniger für Sport als vielmehr für das Leben in der Natur begeistern. Im Rahmen von Ferienlagern zum Beispiel üben die Kinder bei elementaren Tätigkeiten (putzen, kochen, Holz hacken, Wasser holen, Feuer machen ...) soziales Verhalten in Eigenverantwortung. Wenn Sie das Gefühl haben, daß es Ihnen nicht leichtfällt, Fähigkeiten wie Ordnung halten, Verantworung übernehmen und Kontaktfreudigkeit in Ihren Kindern zu entwickeln, so finden Sie hier eine geeignete Unterstützung.

Meist ist die Mitgliedschaft in diesen Vereinigungen nur für Kinder in einem bestimmten Alter interessant und das nur ein paar Jahre lang. Kinder, die nicht schon in frühen Jahren teilgenommen haben, werden deshalb später kaum mehr Gelegenheit dazu haben.

Sehen Sie die Mitgliedschaft Ihrer Kinder in einer dieser Vereinigungen als eine weitere Möglichkeit an, ihre soziale

Kompetenz zu verbessern und Dinge zu lernen, die Sie ihnen schwerlich in diesem Umfang beibringen können.

Allerdings verlangen diese Vereinigungen ein gewisses Maß an Engagement der Eltern, und Sie müssen überlegen, wieviel Zeit Sie dafür aufwenden können.

Weitere Aktivitäten

Fahrrad fahren

Fahrrad fahren zu lernen ist für Kinder ein großes Erfolgserlebnis. Es kann ihnen jenes Gefühl der Stärke und Beherrschung verleihen, das sie nicht mehr verspürt haben, seit sie laufen gelernt haben. Mit Stützrädern ist es heute relativ einfach, radfahren zu lernen, da das Gefühl der Balance erst in einem zweiten Schritt erlernt werden muß.

Dessenungeachtet muß man sich jedoch bewußt sein, daß Fahrrad fahren gefährlich ist. Sie sollten deshalb darauf achten, daß die Kinder Helme tragen, um den Kopf zu schützen. Auf BMX-Rädern sind zusätzlich Ellbogen und Knieschützer wichtig.

Üben Sie in Parks oder auf Bürgersteigen, bevor Sie sich mit Ihren kleinen Radlern auf die Straße wagen.

Alleine sollten Sie Ihre Sprößlinge erst ab zehn Jahren auf die Straße lassen. Und das nur nach gründlicher Schulung in den Verkehrsregeln. Machen Sie Ihre Kinder bei Autofahrten auf die Gefahren des Straßenverkehrs aufmerksam.

☀ Sie müssen sich im klaren sein, daß Sie Ihre Kinder nicht vor allen Gefahren schützen können. Alles, was Sie tun können, ist, ihnen beizubringen, sich selbst zu schützen.

Tanzen

Vielen Kindern in der Altersgruppe zwischen fünf und elf macht Tanzen wirklich Spaß. Mädchen wie Jungen sind mit

121

Feuer und Flamme beim Ballet und anderen Tanzformen, auch traditioneller Art, dabei.

Was man noch alles unternehmen kann

Daneben sind noch zahlreiche andere Aktivitäten denkbar: Reiten, Drachensteigenlassen, Theaterspielen, Kinderzirkus, Wandern, Zelten, Windsurfen, Kanufahren und vieles mehr. Weitere Aktivitäten finden Sie im Abschnitt über Sport. Grenzen sind hier nur Ihrer Phantasie und Ihrem Geldbeutel gesetzt.

Kinder freuen sich besonders über jede Abwechslung. Natürlich sollten Sie Ihre Kinder (und sich selbst!) jedoch nicht durch ein Überangebot an Freizeitbeschäftigungen in „Streß" versetzen. Neben ihren regelmäßigen Beschäftigungen können die Kinder durchaus einmal ein paar Nachmittage „vertrödeln" und ihren aktuellen Interessen spontan und zwanglos nachgehen dürfen.

Zusammenfassung

Wie bereits erwähnt, wird die Entwicklung der Kinder durch vielerlei unterschiedliche Beschäftigungen angeregt und gefördert. Eltern von Fünf- bis Elfjährigen sollten deshalb diese Phase nutzen, um ihren Kindern eine möglichst große Vielfalt zu bieten.

Hobbys und Interessen, die in diesem Alter angelegt werden, können später zu einem erfüllten Erwachsenenleben beitragen, ja, eventuell sogar berufliche Entscheidungshilfen geben.

☀ Nicht vergessen: Je größer das Angebot, desto geringer die Langeweile bei den Kindern. Auch Ihre Beziehung zu den Kindern kann profitieren, wenn Sie regelmäßig etwas mit ihnen unternehmen. Und Ihnen selbst können viele der Dinge, die den Kindern Spaß machen, auch nicht schaden.

„Kati ist in Jürgen verliebt, tralala!"
„Bin ich nicht, Kirstin, sei still!"
„Ich werd's ihm erzählen, tralala!"

Ordentliche Neuner

Große Redner

„Typisch neun ...!"

Was sich bei den Achtjährigen schon abzuzeichnen begann, setzt sich nun in verstärktem Maße fort: Die Neunjährigen gewinnen in vielen Bereichen zusehends an Selbständigkeit. Zuweilen handeln sie schon erstaunlich überlegt; Selbstbewußtsein und Gerechtigkeitssinn prägen sich bei ihnen immer mehr aus, daher sind sie auch schon viel gerechter in ihren Schuldzuweisungen. Am meisten lieben sie es, große Reden zu halten und ihre neu entwickelten Theorien an anderen auszuprobieren.

Was Neunjährige allerdings überhaupt nicht ertragen können, ist, vor Freunden oder Bekannten als Dumme dazustehen – vor allem, wenn die Eltern an der Bloßstellung in irgendeiner Weise beteiligt sind.

☀ Versuchen Sie als Eltern Ihre Kritik an Ihrem Neunjährigen möglichst nicht in Anwesenheit anderer anzubringen.

Geben Sie Ihrem Kind die Chance zur Einsicht, in dem Sie die kritische Sache im „stillen Kämmerlein" abhandeln.

Rat und Tat für jeden Tag

Essen und Trinken ⊙

Die Tischmanieren haben sich erheblich verbessert, ja, es ist – zumindest manchmal – ein Vergnügen, mit den Neunjährigen am Tisch zu sitzen. Restaurantbesuche verlieren allmählich ihren bisherigen Schrecken, denn die Kinder brauchen beim Essen keine Hilfe mehr und sie schaufeln

125

auch nicht mehr alles so schnell wie möglich in sich hinein wie die Sieben- und Achtjährigen.

 ### Anziehen und Kleidung

Anziehen ist zur Routine geworden, nur gelegentlich wird noch die Hilfe oder der Rat der Erwachsenen benötigt. Allerdings müssen die Neunjährigen zuweilen daran erinnert werden, schmutzige Kleidung auch einmal mit sauberer zu vertauschen.

 ### Baden

Beim Baden verhält es sich nicht anders. Sie räkeln sich wie Erwachsene genüßlich im Wasser, was den Eltern die Gelegenheit gibt, mit ihnen in aller Ruhe intellektuellen Austausch zu pflegen (im vollen Terminkalender der Neunjährigen ist sonst kaum Zeit dazu).

 ### Schlafengehen

Das Zubettgehen ist – von Ausnahmen abgesehen – kein Problem mehr. Ihr Schlafbedarf geht auf rund zehn Stunden zurück, so daß man sie etwas länger auflassen kann. Ihre Bettgeschichten lesen sie jetzt meist selbst. Nachts müssen sie nicht mehr so oft auf die Toilette, aufwühlende Träume kommen jedoch weiterhin vor.

> ☀ *In dieser Phase ist es angebracht, den Konsum der Kinder an Horrorgeschichten, in Wort und Bild, noch weiter zu beschränken, um den Alpträumen nicht zusätzliche Nahrung zu liefern.*

 ### Geschwisterstreit

Indem sich die Neunjährigen besonders gern mit Gleichaltrigen zusammentun und beschäftigen, streiten sie viel weniger mit den jüngeren Geschwistern. Die Eifersucht läßt nach und sie haben sich besser unter Kontrolle. Sie handeln mitverantwortlich, und man kann ihnen ohne weiteres für kürzere Zeit die Kleineren anvertrauen.

Geschlechterrollen

Das Interesse für das Gegengeschlecht erwacht, was auch der Grund dafür ist, daß sie sich in gleichgeschlechtliche Kleingruppen zurückziehen – selbst wenn das widersprüchlich klingen mag. Neunjährige ziehen sich gerne gegenseitig mit der Behauptung auf, der/die andere sei mit einem Mädchen/Jungen verbandelt: Denn das ist etwas, was Neunjährigen fürchterlich peinlich ist.

Ordnung und Chaos

Das Ordnunghalten allerdings ist auch weiterhin eine Übungssache: Die Angewohnheit, beim Heimkommen alles auf den nächsten Stuhl zu pfeffern, sollte man nicht allzu lange Zeit durchgehen lassen. Deutliche Worte der Kritik oder der Anerkennung sollten aber letztendlich bewirken, daß die Kinder ihre Sachen wegräumen und Ordnung halten. Ganz allgemein ist die Frage der Disziplin aufgrund der Einsichtsfähigkeit der Neunjährigen leichter anzugehen.

Nur noch manchmal muß mit Bestimmtheit an gewisse Regeln erinnert werden – und falls diese verletzt werden, kann mit dem Verlust von Privilegien gedroht werden.

127

Neunjährige entdecken aber vor allem eines, das von nun an im Zentrum ihres Interesses stehen wird: die Gruppe. In diesem Alter trennen sich in der Regel auch die Wege von Mädchen und Jungen. Sie tun sich zu gleichgeschlechtlichen Kleingruppen zusammen, in denen eifrig die ganze Themenpalette der Neunjährigen besprochen wird.

Die Mitglieder der Gruppe, die sich die Neunjährigen wählen, sind meist die engsten Freunde. Und ist die Gruppe einmal ins Leben gerufen, entwickelt sie sich oft zum geheimen Klub mit Paßworten, Verstecken und Initiationszeremonien.

 Wundern Sie sich nicht über das konspirative Gebaren Ihrer Sprößlinge.

Problem: Scheidung der Eltern

Streit in der Familie

Auswirkungen auf die Kinder

Scheidungen sind in unserer heutigen Zeit bedauerlicherweise an der Tagesordnung. Die Auswirkungen, die eine Trennung der Eltern auf die Kinder hat, sind sehr unterschiedlich. Viel hängt davon ab, wieviel Spannungen bereits vor der Trennung bestanden haben, welche Animositäten zwischen den Eltern nach der Trennung fortbestehen und ob über das Sorgerecht einvernehmlich entschieden oder vor Gericht gestritten wird. Man ist heutzutage einhellig der Meinung, daß es für die Kinder besser ist, wenn die Eltern eine irreparable Beziehung auflösen, als wenn sie „wegen der Kinder" zusammenbleiben. Der fortgesetzte Streit, die gegenseitige Mißachtung, die Gefühlskälte, die fehlende Kommunikation und Zuneigung sind für die Kinder weitaus belastender als ein klarer Trennungsstrich (und eine einvernehmliche Regelung von Sorgerecht, Besuchszeiten und so weiter).

Wie Kinder mit der Trennung zurechtkommen, hängt auch vom Alter ab. Die jüngeren mit ihrer rigorosen Weltsicht tendieren zum Beispiel dazu, die Schuld bei sich zu sehen.

☀ **Wichtig ist, daß die Eltern den Kindern ausführlich erklären, was vor sich geht, und auch möglichst die Gründe nennen. Besonders wichtig ist es, die Angst der Kinder zu zerstreuen, sie seien an der Trennung schuld.**

Auch Scheidungskinder brauchen beide Eltern

Wenn die Trennung vollzogen ist, sollten die ehemaligen Partner die Zeit, die sie einzeln mit ihren Kindern verbrin-

gen, nicht dazu benützen, den Partner in den Augen der
Kinder herabzusetzen (auch wenn das noch so verlockend
ist). Mildern Sie das Trauma für die Kinder, anstatt es zu
verschärfen. Für die gesunde Entwicklung der Kinder ist es
von großer Bedeutung, beide Eltern unvoreingenommen
lieben zu können und sich auch weiterhin der Liebe beider
Eltern sicher zu sein.

„Papi, liebst du mich noch?"

„Aber natürlich, mein Schatz."

„Warum kannst du dann nicht bei uns wohnen? Ich versprech' dir, daß ich auch immer brav sein werde."

„Na ja, Mami und ich haben uns entschieden, daß wir nicht mehr mit einander leben wollen. Aber wir lieben dich beide sehr – egal, ob du brav oder nicht brav bist."

„Ich lieb' dich immer noch Papi. Ich wünschte, wir könnten zusammen wohnen."

Versuchen Sie, den Kontakt aufrechtzuerhalten, auch wenn
es viel Zeit und Energie kostet und unliebsame Begegnun-
gen mit dem ehemaligen Partner damit verbunden sind. Es
wird sich nicht nur für Sie selbst lohnen, sondern vor allem
den Kindern helfen, die Trennung besser zu verkraften.

THEMA: Disziplin

„Zuckerbrot oder Peitsche?"

Disziplin und Gehorsam heute

Wie kann man Kinder dazu anhalten, das zu tun, was nötig ist oder was man selbst für nötig hält, ohne sie deswegen gleich zu unterdrücken? Wie findet man einen verträglichen Mittelweg zwischen dem autoritären Anspruch auf Disziplin und Gehorsam und dem für die Kinder ebenso unguten führungslosen „Laissez-faire"? Denn im Alltag steht man immer wieder vor der schwierigen Entscheidung, entweder hart durchzugreifen oder nachzugeben und von den Kindern sodann unablässig auf die Probe gestellt zu werden.

Disziplinierung anno dazumal

Suchen wir nach Vorbildern in Fragen der Disziplin, so erinnern wir uns zunächst an unsere Kindheit und wenden bewußt oder unbewußt die Rezepte an, die an uns selbst ausprobiert wurden. Allerdings stellen die einstigen Methoden der Disziplinierung nicht unbedingt das dar, was wir heute für unsere Kinder als passend empfinden würden. Denn heute können wir nicht mehr den eisern regierenden Vater mit dem Gürtel in der Hand akzeptieren, geschweige denn kopieren.

Körperliche Unversehrtheit

Körperliche Züchtigung ist der schlechteste Weg, Kinder zu disziplinieren. Im ausgehenden 20. Jahrhundert sind wir zunehmend zu der Erkenntnis gelangt, daß jeder Mensch – und Kinder sind Menschen! – bestimmte unveräußerliche, individuelle Rechte hat, dazu gehört auch die körperliche Unversehrtheit. Diese Rechte schließen auch das Recht auf Mitsprache, auf demokratische Mitbestimmung mit ein. Aus

131

diesem Grund sollten wir unseren Kindern im Rahmen ihrer Erziehung ebenfalls diese Rechte einräumen. Im Laufe ihres Erwachsenwerdens sollten sie immer mehr daran beteiligt werden, über die eigene Bestrafung – wenn nötig – oder Belohnung mitzubestimmen.

Muß Strafe sein?

Strafen und Belohnen

Kindererziehung ganz ohne Strafen – ein ungutes Wort in unseren heutigen Ohren – ist eine Kunst, die nur wenige Eltern praktizieren können. In der Regel geht es nicht ohne Sanktionen in irgendeiner Form ab. Dabei ist zu fragen, wie, wann und warum gestraft wird.

Irgendwann – möglichst früh – sollten Eltern festlegen, welches Verhalten sie von Ihren Kindern verlangen wollen, welche Regeln von den Kindern eingehalten werden müssen und welche disziplinarischen Maßnahmen nach Regelverstößen verhängt werden.

Grundsätzlich ist eine Politik des Belohnens der des Strafens vorzuziehen: Zum einen gehen Ihnen schnell die sinnvollen Strafen aus, zum anderen besteht die Gefahr, daß Sie Ihr Kind auf Dauer entfremden. Außerdem: Je älter die Kinder werden, desto schwieriger und problematischer wird das Strafen. Wenn Sie Ihren Vierjährigen in die Ecke stellen, mag das wirken, wenn Sie Ihren Elfjährigen in die Ecke befehlen, wird dieser Sie kaum ernst nehmen.

Strafen müssen in direktem Zusammenhang mit dem Vergehen stehen und sollten nur in schweren Fällen eingesetzt werden. Aus gleichem Grund ist es angeraten, das „Strafarsenal" nicht mit leeren Drohungen, weil aus geringem Anlaß, zu verpulvern. „Hör sofort damit auf, oder ..." funktioniert nur, wenn man auch bereit ist, die Drohung wahr zu machen. Wenn Sie nicht bereit sind, die Strafe durchzuführen, drohen Sie besser nicht, sonst untergraben Sie Ihre Autorität. Besonders älteren Kindern ist es ein Vergnügen, herauszufinden, ob Sie auch meinen, was Sie sagen – und am Ende könnten Sie blamiert dastehen.

Wollen Sie nicht strafen, sondern nur loben, sollten Sie aber darauf achten, daß das nicht zu einer Lobinflation führt, und Ihr Kind schon Belohnungen allein deshalb erwartet, weil es sich nicht schlecht verhält.

„Krieg ich eine Schokolade Mami?"

„Wofür willst du die denn?"

„Ich bin heute den ganzen Tag brav gewesen und hab' auch mein Zimmer nicht in Unordnung gebracht."

„Dafür bekommt man aber keine Schokolade."

„Gut, wenn ich keine Schokolade kriege, dann mach' ich gleich Unordnung."

133

„Die Strafe folgt auf dem Fuß"

Wenn Sie strafen oder belohnen, ist es wichtig, daß Sie dies sofort und auf der Stelle tun, d. h. unmittelbar im Anschluß an das auslösende Ereignis.

Die altbewährte Methode „Warte, bis Papi nach Hause kommt!" ist nicht nur dem Vaterbild abträglich, der dadurch zum Schreckenspopanz aufgebaut wird, sondern zeigt auch keine Wirkung. Das kleine Kind mit seinem noch eingeschränkten Zeitverständnis wird die Stunden später folgende Strafpredigt nicht mehr mit dem Vorfall in Verbindung bringen. Und das größere Kind wird vielleicht aus Angst vor der Heimkehr des Vaters sich davonmachen oder versuchen, sich in anderer Weise aus der Affäre zu ziehen. In beiden Fällen kann auf diese Weise der angestrebte Zweck, eine künftige Verhaltensänderung zu bewirken, nicht erreicht werden. Ebensowenig macht es Sinn, abgelöst vom guten Verhalten, Belohnungen zu verteilen.

Es kommt oft vor, daß Eltern derart in Rage geraten, daß sie nur aus Wut und Rache eine Strafe verhängen. Da diese Art Strafen meist in keinem Verhältnis zum Vergehen stehen, lösen sie eher Zorn, Groll und Wut auf seiten der Kinder aus, was zu weiteren Missetaten führen kann, anstatt die Einsicht, künftighin das fehlerhafte Verhalten zu ändern.

Falls Sie also die Wut gepackt hat, versuchen Sie möglichst Zeit zum Überlegen zu gewinnen, indem Sie vielleicht gemeinsam mit Ihrem Kind beratschlagen, wie der angerichtete Schaden wiedergutzumachen ist.

☀ **Beauftragen Sie Ihr – schon größeres – Kind, sich selbst eine ihm angemessene Strafe für sein Fehlverhalten auszudenken.**

Damit fördern Sie die Einsicht und die Bereitwilligkeit Ihres Kindes, gewisse Spielregeln des menschlichen Zusammenlebens zu akzeptieren und einzuhalten.

Die Frage der Konsequenz

Was bedeutet konsequent bleiben?

Konsequenz ist eines der wichtigsten Instrumente, um als Eltern glaubhaft Disziplin zu vertreten. Konsequent bleiben heißt, einmal aufgestellten Regeln immer Gültigkeit zu verschaffen und auf bestimmte Verhaltensmuster immer in der gleichen Weise zu reagieren. Bleiben Sie nicht konsequent, kann das Kind mit einem bestimmten Verhalten das eine Mal durchkommen, das andere Mal nicht. Diese Unbeständigkeit ist für Kinder sehr verwirrend, denn sie brauchen klare Vorgaben, um ihr Verhalten danach ausrichten zu können.

Wenn Sie jedoch konsequent bleiben, lernen die Kinder allmählich, was von ihnen erwartet wird und was nicht. Sie lernen, daß auf bestimmte Situationen und Verhaltensäußerungen bestimmte Strafen und Belohnungen folgen. Sie lernen, daß das menschliche Zusammenleben auf bestimmten Regeln beruht. Sie lernen, ihr eigenes Verhalten zu steuern, lernen Selbstbeherrschung und sind in der Lage, selbständiger, freier und autonomer ihr Leben zu gestalten.

Auswirkungen von Inkonsequenz

Mangelnde Konsequenz beim Strafen und Belohnen hat langfristige Auswirkungen. Oftmals führt sie zu einem Kindverhalten, das gemeinhin als „erlernte Hilflosigkeit" bezeichnet wird.

Mangels deutlicher Vorgaben, was richtig und falsch, „gut" und „böse" ist, fühlen sich die Kinder orientierungs- und hilflos. Kinder werden nicht mit einem voll ausgebildetem Verständnis von Ethik und Moral geboren, dieses ist weitgehend erlernt. Kinder brauchen deshalb die Vorgaben der Eltern als Rüst- und Handwerkszeug, mit dem sie hinausgehen und lernen können, ihr Leben selbst in die Hand

135

zu nehmen. Haben sie später die Kontrolle über sich selbst übernommen, können sie dieses Rüstzeug beiseite legen, kritisieren oder auch ablehnen.

Haben Kinder jedoch kein solches Rüstzeug mit auf den Weg bekommen, kann sich das Gefühl, das Leben nicht in den Griff zu bekommen, von den Umständen immer „ungerecht" behandelt zu werden, verfestigen und noch den Erwachsenen prägen. Sehen Sie sich um: Wie viele Erwachsene in Ihrer Umgebung leiden unter diesem Syndrom der „Hilflosigkeit"?

Eltern müssen sich einig sein

Konsequent bleiben heißt natürlich auch, daß sich die Eltern in ihrem Verhalten abstimmen. Die Eltern müssen sich besprechen, wann und wie sie strafen oder belohnen wollen. Wenn die Eltern hinsichtlich der Disziplin nicht übereinstimmen, erkennen die Kinder das sofort und nützen die Unentschiedenheit aus, um die Eltern gegeneinander auszuspielen. Sie versuchen beständig den „weicheren" Elternteil zu beeinflussen, um Maßnahmen des „strengeren" Elternteils abzuändern.

Konsequenz ist vor allem ein Problem zwischen Partnern, die getrennt leben und sich nicht mehr sicher sind, was angemessen ist und was nicht. Der „strengere" Elternteil zieht hier meist den kürzeren, weil die Kinder die ohnehin bestehenden Konflikte insofern schüren, als sie dazu tendieren, den „weicheren" Elternteil als fairer und vernünftiger darzustellen.

☀ Wenn Ihr Kind behauptet, es sei von Ihrem Partner ungerecht behandelt worden, ist es am besten, nicht darauf einzugehen und, falls nötig, die Sache später in Abwesenheit des Kindes zu besprechen.

Die Ursachen von schlechtem Betragen

Ihre Versuche, für Disziplin zu sorgen, sollten sich möglichst an den Ursachen des kindlichen Fehlverhaltens ausrichten. So manches Fehlverhalten, so manche Missetat hat ihre ganz bestimmte Ursache, und sei es nur, daß Sie es versäumt haben, Ihrem Kind die nötigen Grenzen zu setzen.

Weiter kann Ungehorsam beispielsweise daher rühren, daß etwa ein Siebenjähriger gerade in der Phase ist, in der ihn nur mehrfaches Ermahnen aus seinen „Betrachtungen der Welt" herauslösen kann.

137

Aufmerksamkeit haben wollen

Ungehorsam kann natürlich auch einfach den Wunsch nach mehr Zuwendung durch die Eltern ausdrücken. Das kann daran liegen, daß Sie Ihre Aufmerksamkeit für das Kind mit anderen Dingen und Tätigkeiten teilen. Besser ist es dann, dem Kind für eine kurze Zeit Ihre volle Aufmerksamkeit zu schenken, anstatt stundenlang nur mit halbem Herzen bei der Sache zu sein. Sie können dafür routinemäßig eine Stunde pro Tag ansetzen und zu anderen Zeiten deutlich machen, daß Sie dann etwas anderes zu tun haben.

Aufmerksamkeit von den Eltern zu bekommen steht für die Kinder im Zentrum ihres Daseins. Dafür werden sie alles tun – auch ungehorsam sein, nur um die Aufmerksamkeit der Eltern auf sich zu lenken.

Gleichgültigkeit der Eltern

Kindern ist jede Aufmerksamkeit recht, auch negative, wenn sie sich vernachlässigt fühlen – nichts ist schlimmer für sie, als von den Eltern ignoriert zu werden. Je mehr Sie also auf Ungehorsam mit Wut, Geschrei oder gar Gewalt reagieren, desto mehr „erfreut" es die Kinder – falls sie sonst keine positive Aufmerksamkeit erhalten. Wenn Sie feststellen, daß Sie auf das Verhalten der Kinder wie beschrieben reagieren, ist es an der Zeit nachzudenken, ob die Situation nicht weniger ein Problem der Disziplin und des Gehorsams ist als ein Zeichen dafür, daß Sie selbst Wut und Ärger mit sich herumtragen, die Sie an den Kindern abreagieren.

Kinder sind normalerweise viel eher bereit zu gehorchen, wenn ihnen eine Anweisung entspannt und mit fester Stimme gegeben wird (notfalls muß die Anweisung so lange wiederholt werden, bis das Kind einlenkt). Überprüfen Sie also, ob Ihre Reaktion nicht ganz andere Ursachen hat – Vorfälle, die sie zuletzt geärgert haben (eine Ermahnung des Vorgesetzten, eine unverschämte Verkäuferin, eine überhöhte Rechung und so weiter).

Woher kommt Ungehorsam?

Kinder sind sehr kooperative Menschen und erfüllen gerne das, was von ihnen verlangt wird. Ungehorsam und unangemessenes Verhalten haben meist klare Ursachen, die es herauszufinden gilt, um zu einer sinnvollen Verhaltensänderung zu kommen. Keinen Sinn hat es, das unangemessene Verhalten selbst mit Strafen korrigieren zu wollen; das würde nur das Symptom treffen, aber nicht die Ursache.

Nehmen wir den Fall eines Sechsjährigen, der in der Schule mit Steinen wirft und dem deshalb Disziplinarmaßnahmen drohen. Zunächst ist zu fragen, ob es ihm an Aufmerksamkeit seitens der Eltern oder des Lehrers mangelt – vielleicht löst sich das Problem allein dadurch, daß Eltern und Lehrer ihm konzentrierte Aufmerksamkeit schenken. Das schließt mit ein, nachzufragen, warum Lehrer und/oder Eltern den Jungen zuletzt so wenig beachtet oder gar gemieden haben.

Weiterhin könnte man ergründen, ob er die Schule grundsätzlich nicht mag und dies nur mit Steinewerfen ausdrücken kann. Vielleicht ist er zu früh eingeschult worden und kommt mit den Disziplinanforderungen und Strukturen des Schulalltags nicht zurecht.

Vielleicht gibt es andere Dinge, die seine Wut erregt haben und denen man auf den Grund gehen muß. Ihm müßte die Gelegenheit gegeben werden, die Ursachen für den Ärger selbst auszudrücken – was in diesem Alter schwierig ist und Zeit sowie Unterstützung erfordert.

Was bewirken falsche Strafen?

Leider wird nur allzuoft der Prozeß der Ursachenforschung vernachlässigt. Meistens wird das Kind für sein Fehlverhalten bestraft und ermahnt, sich in Zukunft besser zu gebärden. Die Ursache – der Anlaß für die Wut und den Ärger – wird damit nicht beseitigt. Die Strafe löst zusätzliche Wut, nämlich Groll gegenüber dem Strafenden, aus. Dieser Groll wird weiterschwelen und wachsen, es sei denn, es ergibt sich für das Kind einmal die Gelegenheit, die wahren Ursachen auszudrücken.

Stellen Sie sich vor, wie schlecht sich das Kind fühlen wird, wenn sich der Vorgang öfters wiederholt. Ohne Hilfestellung und aktive Zuwendung durch die Eltern/Pädagogen können Kinder ihre Schwierigkeiten und Probleme nur in den seltensten Fällen ausdrücken und neigen dazu, sich zu verschließen. Eines Tages explodieren sie dann (zünden die Schule an, anstatt nur Steine zu werfen), und alle fragen sich, wie das passieren konnte. Niemand hat versucht, die Ursachen ihres Verhaltens zu verstehen. Sie wurden einfach für ihr nach außen sichtbares Verhalten bestraft.

Die Sache mit den Manieren

Wozu gute Manieren?

Auch wenn hinter der Vorstellung von „guten Manieren" der Zweck steht, unsere sozialen Interaktionen angenehmer und positiver zu gestalten, so ist es keineswegs besonders angenehm, einem Kind gutes Benehmen und Manieren beibringen zu müssen. Zunächst muß man sich dabei realistische, sprich bescheidene Ziele setzen, denn Kinder werden bekanntermaßen nicht mit den für unsere heutige Zivilisation erforderlichen Benimmregeln geboren.

Abgesehen von den überholten Regeln aus Großvaters Schublade, sind Manieren nicht Selbstzweck, sondern Ausdruck „sozialer Kompetenz", d. h. der Fähigkeit mit anderen Menschen in Kontakt zu treten, Freundschaften zu schließen und zu erhalten.

Gute Manieren sind ein Lernprozeß – und Kinder lernen ohne Unterlaß. Wenn Sie nicht oder nur bei besonderen Gelegenheiten auf Manieren bestehen, wird Ihre Mühe allerdings vergebens sein. Leider gehört zu diesem Lernprozeß die Wiederholung. Je öfter Sie also die Kinder daran erinnern („Nimm' bitte die Gabel", „sitz bitte gerade" „sag guten Tag zu Tante Mausi", „sag danke zur Oma"), desto schneller erlernen sie die wichtigen Regeln des täglichen Umgangs. Und Sie werden manchmal erstaunt sein, wie gut die Kinder das können.

141

☀ Berücksichtigen Sie, daß „Kinder Kinder sind", und steigern Sie entsprechend dem Alter die Anforderungen, die Sie ans Benehmen stellen.

„Oma, kann ich bitte noch einen Keks haben?"

„Aber ja, mein Liebling, lang nur zu."

„Vielen Dank, Oma. Die Kekse schmecken so gut. Du kannst so gut backen."

„Es macht mir Spaß, Kekse zu backen, wenn sie jemand schmecken."

„Deine Kekse sind die besten. Also, für mich könntest du immer welche backen."

„Nach so viel Lob bleibt mit ja auch gar nichts anderes übrig."

Taschengeld

Geld motiviert Kinder nur bedingt. Dennoch kann das Taschengeld gelegentlich auch in Fragen der Disziplin eingesetzt werden. Besonders kann damit ein Anreiz geschaffen werden, bestimmte Aufgaben im Haushalt – Boden aufwischen, Tisch decken – freiwillig zu erledigen.

Der positive Aspekt dabei ist, daß es weniger Konflikte gibt (allerdings sollten selbstverständliche Hausarbeiten wie das Aufräumen des eigenen Zimmers nicht von Zahlungen abhängig gemacht werden) und die Kinder lernen, mit Geld umzugehen, lernen, daß Geld verdient werden muß und nicht vom Himmel fällt.

Das Interesse an Geld erwacht in der Regel mit acht Jahren, wenn die Sammlerphase einsetzt. Am besten setzt man dann einen festen wöchentlichen Betrag fest, der durch „verdiente" Sonderzahlungen ergänzt werden kann.

Zusammenfassung

Das Lernen von Disziplin in den Grundschuljahren ist ein ganz selbstverständlicher Teil des kindlichen Entwicklungsprozesses. Über die Disziplin lernen die Kinder die Spielregeln unserer Gesellschaft kennen, und mit Selbstdisziplin schaffen sie die Voraussetzung für ein selbstbestimmtes Leben.

Sind Sie als Eltern zu streng, werden die Kinder nicht selbständig und rebellieren gegen Sie (was auch eine Art von Abhängigkeit ist). Sind Sie zu nachgiebig, kann es sein, daß Ihre Kinder von anderen gemieden werden, weil sie selbstsüchtig und unhöflich sind. Erklären Sie Ihren Kindern die Gründe und das System Ihrer disziplinären Maßnahmen: Auch das hilft Ihren Kindern, Selbstdisziplin zu erlernen.

„Als du heute zu Frau Maier ‚danke' gesagt hast, war ich wirklich sehr stolz auf dich."

Phantastische Zehner

Organisationstalente

„Typisch zehn …!"

Bei den Zehnjährigen kristallisieren sich bereits die Züge der Persönlichkeit heraus, die den künftigen Erwachsenen ahnen lassen. Ihre Weltsicht spannt sich erheblich weiter als die der Jüngeren. Sie wollen genau verstehen, was draußen passiert, und dieses neue wachsende Verständnis der Umwelt gegenüber macht sie zu aufgeschlossenen Zeitgenossen. Außerdem werden sie sich ihrer selbst immer mehr bewußt und vermögen sich selbst viel kritischer zu beurteilen.

Zehnjährige können ihr Leben schon sehr gut selbst organisieren, da sie an Überblick gewonnen haben; aus diesem Grund sind sie auch nicht mehr darauf angewiesen, daß Sie als Eltern alles für sie regeln.

Nach einem Jahrzehnt des Wachsens haben sie endlich die „zweistellige Zahl" erreicht und sind mit Recht stolz darauf.

Rat und Tat für jeden Tag

Essen und Trinken

Mit den Tischmanieren klappt es meist ganz gut, allerdings oft nur in außergewöhnlichen Situationen, zum Beispiel anläßlich von Festlichkeiten. Immerhin haben Sie die Gewißheit, daß Ihre Kinder sich zu benehmen wissen, wenn es darauf ankommt.

Anziehen und Kleidung

Kleidung spielt im Leben der Zehnjährigen oft keine besondere Rolle mehr. Vor allem die Jungen mögen ihre alten

145

Sachen viel lieber als die neuen kratzigen. Und nicht nur deshalb wird der Kleidungskauf zunehmend schwieriger, sondern weil sie sich auch weigern, die neuen Sachen überhaupt anzuprobieren.

Baden

Zehnjährige werden jetzt das Duschen dem Baden in der Wanne vorziehen, weil das „erwachsener" ist. Vielleicht müssen Sie noch kleinere Hilfeleistungen geben, wie zum Beispiel die Wassertemperatur einstellen oder eine rutschfeste Matte in die Dusche legen, doch abgesehen davon, absolvieren die Zehnjährigen die Reinigungsprozedur völlig selbständig. Allerdings brauchen die Zehnjährigen diesbezüglich noch so manche Erinnerungsstütze, damit sie sich überhaupt ins Bad trollen.

Einige der Mädchen beginnen sich nun für Kosmetika zu interessieren und für alles, was „gut riecht".

Lob und Tadel

Zehnjährige sind sehr gut in der Lage, sich selbständig anzuziehen, zu baden und zu essen. Alles, was jetzt danebengeht, ist nicht mehr auf mangelndes Können wie bei den Jüngeren zurückzuführen, sondern geschieht entweder aus Faulheit, aus Trotz oder in der Absicht, Sie zu ärgern.

Ermutigen Sie Ihren zehnjährigen Nachwuchs also, sein Verhalten nach dem auszurichten, was Sie für nötig halten: Nicht können ist jetzt keine Ausflucht mehr.

Aufklärung

Mit der erwachenden Sexualität entwickeln viele Zehnjährige erste Schamgefühle. Dem Elternteil des anderen Geschlechts nackt zu begegnen kann ihnen peinlich sein. Am besten man respektiert diese Schamgefühle, ohne sie über-

146

zubewerten. Mütter können sich dann ja um die Töchter kümmern, falls diese Hilfe im Bad brauchen, und Väter um die Söhne.

Schulwechsel

Das Gedächtnisvermögen der Zehnjährigen hat sich stark verbessert, daher finden sie auch mehr Gefallen an der Schule, ja sogar manchmal an den Hausaufgaben.

Viele der Zehnjährigen werden bereits die erste Klasse einer weiterführenden Schule besuchen. Der Übertritt von der Grundschule in die höhere Schule ist für die meisten nicht ganz einfach. Zählten sie im letzten Jahr noch zu den älteren Kindern, die den jüngeren überlegen waren, so sind sie jetzt die Jüngsten und fangen in der „Schülerhierarchie" noch einmal von vorne an.

Wichtig ist, daß die Zehnjährigen zum Abschluß der Grundschule das Gefühl haben, angekommen zu sein, etwas erreicht zu haben. Fühlten sie sich sicher und glücklich in der Grundschule, ist das ein gutes Fundament, um auch mit den höheren Anforderungen der weiterführenden Schulen zurechtzukommen.

Soziale Kompetenz

Zehnjährige fühlen sich wohl in der Familie und unter Gleichaltrigen. Sie sind pausenlos mit ihren Freunden draußen unterwegs und bauen mit diesen feste Beziehungen auf.

Kinder in diesem Alter sind meist sehr glücklich. Sie sind selbstbewußter, entspannter und mehr darauf aus, sich zu vergnügen als noch in jüngeren Jahren. Da sie meist sehr kommunikativ sind, macht es viel Spaß, mit ihnen zusammen zu sein.

147

Problem: hochbegabte Kinder

Wunderkinder als Problemkinder?

Mit einem begabten oder besser hochbegabten Kind gesegnet zu sein erscheint auf den ersten Blick als problemlos.
Doch der Umgang mit der Begabung seitens der Eltern
oder der Kinder kann durchaus zum Problem werden.
Begabung kann sich auf vielerlei Gebieten zeigen – in der
Schule, im Sport, in der Kunst –, und natürlich ist es am
besten, dem begabten Kind ein Umfeld zu schaffen, in dem
es sein Talent in dem von ihm gewünschten Tempo entwickeln kann, ohne unter Druck zu geraten. Denn zuviel
Druck kann ein Talent leicht verkümmern lassen.

Schulische Talente

Schulische Talente haben es oft sehr schwer, da der norma-
le Unterrichtsbetrieb sie unterfordert und sie sich daher
langweilen – mit den entsprechenden Folgen: schlechtes
Betragen, negative Einschätzung durch die Lehrer, schlechte Leistungen und so weiter. Bevor sich der Teufelskreis
schließt, sollten Eltern versuchen, entweder mit der Schule
ein vorzeitiges Vorrücken in höhere Klassen oder Kurse zu
vereinbaren oder, sofern dies die Schule nicht leisten kann,
ihren Kindern mehr Herausforderungen außerhalb der
Schule zu bieten.

148

Sportliche Begabungen

Sportliche Begabungen zu fördern ist zwar einfacher, kann aber noch aufwendiger sein, weil Training und Wettbewerbe hohe Ansprüche an die frei verfügbare Zeit stellen. Beim Sport sollte das Spaßelement das ausschlaggebende Kriterium sein – im Gegensatz zur intellektuellen Hochbegabung, wo ein richtig dosiertes „Training" entscheidend zur psychologischen Stabilität und zu einem später erfüllten Erwachsenenleben beiträgt. Solange auch das schärfste Training und der härteste Wettbewerb Spaß machen, sollten Sie die sportliche Karriere Ihres Sprößlings fördern. Sowie Sie jedoch bemerken, daß der Spaß vorbei ist, sollten Sie das akzeptieren (auch wenn Sie selbst viel Zeit, Energie und Geld investiert haben).

 Am besten, Sie geben Ihren Kindern all die Ermutigung und Hilfestellung, die Sie geben können – ohne aber zuviel von ihnen zu erwarten. Lassen Sie Ihren Kindern einfach den Spaß an der Sache.

Künstlerische Begabungen

Künstlerische Interessen sind wohl am leichtesten zu fördern, da sowohl in der Schule als auch außerhalb viele Möglichkeiten zur Talententwicklung gegeben sind. Künstlerisch begabte Kinder sind eher in der Lage, ihr Interessensgebiet selbständig weiterzuentwickeln. Wichtig ist hier eine einfühlsame und langfristige Förderung – das betrifft auch die Auswahl von Lehrern, die über genügend Selbsteinschätzungsvermögen verfügen müssen, um Talente anderen zu überlassen, wenn sie bemerken, daß sie selbst zur Entwicklung nichts mehr beitragen können.

Freuen Sie sich an der Begabung Ihrer Kinder und fördern Sie sie nach Kräften. Vergessen Sie aber nicht: Es ist die Begabung Ihrer Kinder und nicht Ihre eigene. Und nicht

149

alle Genies haben zu Lebzeiten den Durchbruch geschafft, nicht wenige wurden verkannt oder haben unter ihrer Begabung gelitten.

Die Deutsche Gesellschaft für das hochbegabte Kind e.V. (Adresse s. Anhang) steht Ihnen bei allen Fragen, die sich im Zusammenhang mit Ihrem begabten Sprößling erge-ben, zur Seite.

Warum überhaupt Sport?

Die meisten Kinder treiben mit Begeisterung Sport. Denn sie bringen von Natur aus die besten Voraussetzungen dafür mit: die Freude an der Bewegung, am Spiel, an Gesel-ligkeit und am Wettkampf. Und im sportlichen Umfeld erlernen sie letztlich das, was auch in anderen Lebensberei-chen wichtig ist: Teamgeist, Verantwortungbewußtsein, Führungsfähigkeit, Gesundheitsbewußtsein und jene Cha-rakterstärke, der es bedarf, um Niederlagen oder Siege zu verkraften.

Zudem können Kinder, die in der Schule nicht zu den besten zählen, im Sport den Ausgleich erzielen, der für eine gesunde Fortentwicklung ihres Selbstbewußtseins notwen-dig ist.

Spiel, Spaß und Sport

Warum haben Kinder Spaß am Sport? Haben Sie jemals den Pausenhof einer Schule während der großen Pause beobachtet? Dort sieht man die Kinder herumtoben, als ob sie elektrisiert wären. Und tatsächlich sind Kinder mit Energie geladen, die sie loswerden müssen.

Am liebsten setzen sie diese in Spielen frei, Spielen mit festen und möglichst einfachen Regeln und einem gehörigen Anspruch an die physische Leistungsfähigkeit. Spiele wie „Fangen" oder „Verstecken" gehören daher zu den beliebtesten, weil sie dem natürlichen Bedürfnis der Kinder entgegenkommen. Die meisten Sportarten folgen diesem Muster: Es muß viel gelaufen werden, es gibt Regeln, die zu beachten sind, es gibt Mitglieder der eigenen und der fremden Mannschaft – und letztendlich macht es allen riesigen Spaß!

Wettbewerb und Wettkampf

Wenn Eltern in übersteigerter Weise wettkampforientiert sind und das Siegen als einzigen Grund für die Sportausübung ihres Nachwuchses sehen, kann es geschehen, daß die Kinder sehr schnell die Lust am Sport verlieren.

„Wie war das Spiel heute, Jochen?"

„War ganz gut Papi."

„Und? Habt ihr gewonnen?"

„Wir haben sehr gut gespielt."

„Aber habt ihr auch gewonnen?"

„Nein, gewonnen haben wir nicht, aber gut gespielt."

„Schade!"

151

Natürlich leben wir heute in einer leistungs- und wettkampforientierten Gesellschaft. Und gerade der Sport repräsentiert prototypisch diese Lebenseinstellung. Nicht wenige Menschen glauben, nichts sei wichtiger, als im Wettbewerb bestehen zu können.

Untersuchungen haben jedoch immer wieder gezeigt, daß gerade Wettbewerb nicht selten zu schwächeren Leistungen führt, weil die betreffenden Personen dem Druck nicht standhalten können. Legen Sie also zuviel Gewicht auf das Siegen, kann das bei Ihrem Kind Ängste auslösen, die sich leistungsmindernd (und natürlich spaßmindernd) auswirken.

Hervorragende Leistungen sind wichtig, doch müssen Eltern darauf achten, daß sie die Ergebnisse ihrer Kinder nicht als eigenes Ziel ansehen – sonst ist es mit dem Spaß bald vorbei.

„Was heißt das, du spielst nicht?"
„Ich habe keine Lust mehr. Es ist langweilig."
„Nach all dem Geld, das wir in deine Ausrüstung gesteckt haben? Du gehst jetzt sofort hinaus und spielst mit!"
„Ich hasse es. Ich werde nie wieder spielen, niemals."

Animation oder Druck

Eine der schwierigsten Aufgaben ist es daher, die Balance zwischen Ermutigung und Druck zu finden. Alle Kinder verlieren irgendwann einmal die Lust, wenn sie entweder zu stark beansprucht oder zu wenig herausgefordert werden. Manchmal ist nur die richtige Aufmerksamkeit eines Elternteils nötig, um den sportlichen Nachwuchs weiter zu motivieren.

„Was heißt das, du spielst nicht?"
„Ich hab' keine Lust mehr. Es ist langweilig."

„Was ist denn so langweilig daran?"

„Wir haben so viele Spiele zuletzt gehabt. Jetzt stehen auch noch die Spiele der Schlußrunde an. Ich habe keine Lust mehr, ich will auch mal etwas anderes machen."

„Hört sich so an, als ob du tatsächlich eine Pause vertragen könntest. Aber denk mal dran, wie du dich fühlen wirst, wenn das Endspiel ansteht und du bist nicht in der Mannschaft."

„Daran hab' ich gar nicht gedacht. Stimmt, ich spiel' besser mit."

Welche Sportart ist die beste?

Die Möglichkeiten, Sport auszuüben, sind recht vielfältig. Als gemeinsamer Freizeitsport für die ganze Familie eignen sich besonders Laufen, Radfahren, Bergwandern, Schwimmen oder Eis- und Skilaufen. Wenn Ihr Kind die Freizeit gerne unter Gleichaltrigen verbringt, bieten sich Sportvereine mit ihrem umfangreichen Angebot an: Fußball, Turnen, Leichtathletik, Handball, Judo, Tennis und so weiter, um nur einige der vielen Möglichkeiten zu nennen. Als Eltern sollten Sie Ihrem Kind helfen, herauszufinden, welche Sportart die geeignete ist, für welche Ihr Kind Interesse und Begabung zeigt.

Außergewöhnliche Sportarten

Manchmal kann es jedoch auch sein, daß Ihre Sprößlinge unbedingt einen (meist teuren und/oder gefährlichen) Sport ausüben möchten, weil er gerade in Mode gekommen ist. „Alle anderen" dürfen mitmachen, nur Ihre Kinder nicht. In solchen Fällen ist es angeraten, sich zunächst einmal gründlich über die Bedingungen dieses Sports zu informieren, am besten, indem man die Eltern der „anderen" konsultiert. Vielleicht ergibt sich daraus eine gemeinsame Vorgehensweise. Abgesehen davon, ist es in jedem Fall sinnvoll, sich mit den Eigenheiten des Sports Ihrer Kinder vertraut zu machen.

Besonderheit: Schwimmen

Schwimmen ist weit mehr als nur eine Sportart. Schwimmen zu lernen hat viele Vorteile und sollte, vergleichbar mit der Fähigkeit zu laufen, den Kindern schon im frühesten Alter beigebracht werden. Der wichtigste Vorteil des Schwimmenkönnens: Es reduziert erheblich die Gefahren, die Tümpel, Schwimmbäder, Flüße, Seen, Meer (ja, manchmal sogar Badewannen) für die Kinder bergen. Jedes Jahr ertrinken viele Kinder, die mit etwas mehr Zeit und Mühe allein deshalb hätten gerettet werden können, wenn sie frühzeitig schwimmen gelernt hätten.

Schwimmen ist auch eine der wenigen Sportarten, die für fast jedermann ohne Rücksicht auf seine körperlichen Fähigkeiten geeignet ist. Besonders empfohlen wird Schwimmen zum Beispiel Kindern, die an asthmatischen Krankheiten leiden.

Schwimmen ist abwechslungsreich, allein das Erlernen der vier Schwimmstilarten erfordert seine Zeit. Hinzu kommen Tauchen, Springen und andere wasserbezogene Nebensportarten. Schwimmen ist eine Individualsportart, bei der die Kinder die Fortschritte ihrer Leistungsfähigkeit

deutlich an sich selbst feststellen können. Leistungsfort-
schritte werden mehr „für sich selbst" als „gegen andere"
erzielt, dabei gibt es jedoch auch mannschaftsbezogene
Aspekte, etwa bei Vereins- oder Staffelwettkämpfen.

Fähigkeiten der Kinder beachten

Manchmal wird den jüngeren Kindern der hier behandelten
Altersgruppe zuviel zugemutet. Da ihre Fähigkeit, Entfernungen und Geschwindigkeiten einzuschätzen, sich erst
entwickeln muß, können sie im Rahmen des organisierten
Sports nur insoweit mitmachen, als sie sich zunächst einmal
die Regeln der jeweiligen Sportart aneignen.

Da in diesem Alter außerdem Größe und Gewicht viel
ausschlaggebender sind für die Fähigkeit, zu springen, zu
rennen und zu werfen, als später, sind auch Prognosen
über Talententwicklung und spätere Leistungsfähigkeit ver-
früht. Glücklicherweise ist man in vielen Sportarten dazu
übergegangen, die Regeln den Altersstufen anzupassen.
Damit wurden diese Sportarten sicherer und interessanter
für die Kleinen gemacht. Erkundigen Sie sich, ob das auch
beim Sport Ihres Sprößlings der Fall ist.

Hochleistungssport

Wenn Sie zu der Überzeugung gelangt sind, daß Ihre Kinder außergewöhnlich begabt sind für eine bestimmte Sportart, dann sollten Sie ihnen all Ihre Unterstützung und Ermutigung geben, die Sie aufbringen können, um die Karriere
Ihrer Sportler zu fördern.

Sie sollten sich aber im klaren sein, was da auf Sie
zukommt, welche Opfer die Familie für ein Mitglied bringen muß, das auf nationaler oder gar internationaler Ebene
mithalten will: mehrstündiges tägliches Training, Anfahrten
zum Training, Reisen zu Wettkämpfen, Ausrüstung, beson-

155

dere Ernährung, Abstimmung mit der Schule, psychologische Betreuung und so weiter. Und der finanzielle Aufwand ist meist auch nicht unerheblich.

Vergewissern Sie sich, ob Sie und Ihr Kind die dadurch bedingte Einschränkung der privaten und schulischen Entfaltungsmöglichkeiten wirklich auf sich nehmen wollen. Wenn ja, dann nichts wie los und viel Glück und Spaß dabei!

Sportliche Fairneß

Eine besonders wichtige Eigenschaft erlernen Kinder, wenn sie Sport treiben: die sportliche Fairneß oder das sportliche Fairplay. Darunter ist das Akzeptieren von Schiedsrichterentscheidungen ebenso zu verstehen wie die Erkennnis, daß es neben Siegen auch Niederlagen gibt, vor allem aber ist darunter der Sinn für faires Spiel zu fassen.

Sportliche Fairneß ist keineswegs angeboren, sondern muß langsam erlernt und trainiert werden. Sie als Eltern haben dabei erheblichen Einfluß darauf, ob sich Ihre Kinder sportlich fair verhalten oder nicht.

„Mensch, der Schiri ist vielleicht blind. Der läßt den anderen alles durchgehen."
„Was willst du damit sagen?"

„Als wir den Ball bekamen, hat er Abseits gepfiffen, bei den anderen hat er weiterspielen lassen."

„Vielleicht wird seine Entscheidung beim nächsten mal zu euren Gunsten ausfallen. Was ist denn mit eurem letzten Faul? Das hat er auch nicht gepfiffen!"

„Stimmt schon, aber das hat er eben einfach nicht gesehen."

„Vielleicht hat er das Abseits der anderen auch nicht gesehen. Da ist kein großer Unterschied. Ich glaub', hier suchst du nur nach einer Ausrede."

Verlieren lernen

Kinder sind zuweilen große Künstler, wenn es darum geht, anderen die Schuld für eigene Fehlleistungen in die Schuhe zu schieben – Niederlagen sind für sie nur schwer zu verkraften, da muß dann schon einmal eine vorgetäuschte Verletzung herhalten, um eine Niederlage zu rechtfertigen.

Eltern sollten daher den Schiedsrichtern den Rücken stärken, es sei denn, sie haben wirklich danebengepfiffen. In diesem Fall sollte man sich aber lieber an die Sportinstitutionen wenden, als mit den Kindern in das Wehklagen über den Schiedsrichter einzustimmen.

Beschimpfungen des Schiedrichters, zumal wenn sie vom eigenen Kind kommen, sind nicht nur peinlich, sondern sollten Anlaß sein, tatsächlich einzuschreiten, zum Beispiel indem man das Gespräch mit dem Trainer sucht oder den Sprößling zur Rede stellt.

„Ich meine, daß das ziemlich ungerecht war, was du über den Schiedsrichter nach dem Spiel gesagt hast."

„Warum sagst du das?"

„Nun, der versucht nur sein Bestes und das auch noch freiwillig und gegen geringen Auslagenersatz. Es war nicht einfach für ihn, mit all dem Geschrei von euch Kindern und einigen Eltern fertigzuwerden. Würde dir das gefallen, wenn die Leute so über dich reden würden?"

157

„Na ja, vielleicht war er ja so schlecht auch nicht."

„Irgend jemand muß den Schiedsrichter machen, und er muß respektiert werden – sonst könntet ihr gar nicht spielen. Mir wäre sogar lieber, wenn du wegen schwacher Schiedsrichterleistungen ein Spiel verlierst, als wenn du eines gewinnst, weil der Schiedsrichter durch Beschimpfungen eingeschüchtert wurde."

Dazu kommt, daß so manche Sportstars nicht gerade als Vorbilder für sportliche Fairneß gelten können.

Ich kann mir vorstellen, daß die Eltern von John McEnroe zum Beispiel bei jedem Ausbruch ihres Sohnes im Boden versunken sind und sich gewünscht haben, sie hätten ihm schon im Kindesalter besseres Betragen beigebracht.

Das Engagement der Eltern

Die Eltern als Funktionäre

Irgendwann im Laufe der sportlichen Karriere Ihres Kindes wird Ihnen vielleicht die Frage gestellt, ob Sie sich nicht im Klub oder im Verband aktiv beteiligen möchten. Denn irgend jemand muß ja die Funktion eines Trainers, Zeitneh-

Sportlicher Verhaltenskodex für Kinder

- Spiele aus Spaß am Spiel.
- Höre auf den Mannschaftskapitän und den Trainer, und tu, was sie dir sagen.
- Halte dich an die Regeln und ermutige andere, dasselbe zu tun.
- Streite nicht mit den Mitgliedern deiner eigenen Mannschaft; sie spielen auf deiner Seite.
- Die Kinder der anderen Mannschaft wollen auch ihren Spaß haben. Leg es nicht darauf an, sie zu beleidigen oder zu verletzen.
- Streite nicht mit dem Schiedsrichter.

mers, Schiedsrichters oder Organisators übernehmen, damit der Sportbetrieb in Gang bleibt und reibungslos ablaufen kann. Für junge Sportler ist das Engagement ihrer Eltern sehr wichtig. Sei es, daß Sie als Eltern im Sportbetrieb präsent sind und auf diese Weise Ihre Unterstützung signalisieren. Sei es, daß Sie durch Ihre Anwesenheit bei Wettbewerben an den Leistungserfolgen Ihrer Kinder teilhaben. Auch wenn Ihnen die „professionellen" Eltern heutiger Sporthelden suspekt erscheinen: In den meisten Fällen sind sie auf den ausdrücklichen Wunsch ihrer Sprößlinge in den Stadien und nicht, um sich im Ruhm ihrer Kinder zu sonnen.

Und erinnern Sie sich einmal zurück: Schon im frühesten Kindesalter war es für Ihren Nachwuchs äußerst wichtig, Ihnen zu zeigen, was er gelernt hat, und von Ihnen zu hören, wie wunderbar er das schon kann. Und diese Anerkennung als Ausdruck Ihrer elterlichen Liebe und Zuwendung spielt für die Motivation Ihrer Sportler eine ganz entscheidende Rolle.

159

„Hast du das gesehen Papi?"

„Phantastisch, du warst unglaublich gut!"

„Danke, daß du gekommen bist. Ich wollte dir mal zeigen, wie gut ich geworden bin."

„Das hat mir richtig Spaß gemacht. Ich glaub von jetzt an werd' ich mir deine Spiele öfters anschauen."

„Wirklich? Das wäre toll!"

Gemeinsames Spiel, gemeinsames Training

Ein weiterer Weg, Ihren Kindern Ihre Anteilnahme zu zeigen, ist das gemeinsame Training oder Spiel. Wenn sich auch einige Tennisstars die ersten Schläge mit Hilfe einer Betonwand beibrachten, so haben doch die meisten davon profitiert, daß ihnen ihre Eltern als Partner zur Verfügung standen. Auch hier gilt die grundsätzliche Regel: Qualität geht vor Quantität. Verbringen Sie lieber nur eine halbe Stunde mit voller Konzentration beim Spiel mit Ihrem Kind als eine ganze Stunde mit halbem Herzen. Für Kinder spielt die Zeit weniger eine Rolle als die Erfahrung, daß Sie sich für sie und ihren Sport tatsächlich interessieren.

Wenn Sie natürlich selbst Freude am Sport Ihrer Kinder haben, erlegen Sie sich keine Hemmungen auf! Es gibt

Eltern, die jede Minute ihrer Freizeit mit den Kindern in Sachen Sport unterwegs sind und riesigen Spaß daran haben. Die einzige Einschränkung: Halten Sie sich zurück, wenn Ihr Engagement Sie dazu verleitet, zum Ersatztrainer an der Seitenauslinie zu werden – das ist den Kindern oft mehr als peinlich. Sonst dürfen Sie sich nicht wundern, wenn der Ball einmal nicht im Feld des Gegners, sondern an Ihrem Kopf landet!

Unterschätzen Sie dabei auch nicht Ihre Rolle als sportliches Vorbild. Viele Verhaltensweisen der Eltern prägen sich den Kindern bewußt oder unbewußt ein. Wenn Sie also Wert darauf legen, einen hochmotivierten und fair spielenden jungen Sportler zu haben, müssen Sie sich auch selbst danach richten.

☀ **Auch wenn die Kinder es nicht mit Worten ausdrücken – sie sind dennoch für jegliche Anteilnahme ihrer Eltern sehr dankbar.**

Die Sportausrüstung

Nahezu alle Sportarten können nur mit mehr oder weniger teurer Ausrüstung ausgeübt werden. Es lohnt sich also, so lange wie möglich mit dem Kauf der hochqualitativen Ausrüstung zu warten, bis Sie sicher sind, daß Ihr Kind wirklich interessiert ist. Kinder entwickeln unglaublich schnell ein Bewußtsein für Marken: Sie möchten immer diejenige haben, die gerade in Mode ist und die ihre Freunde tragen – üblicherweise ist das natürlich die teuerste.

Schon Sechs- und Siebenjährige möchten am liebsten sofort den Boris-Becker-Schläger oder die Steffi-Graf-Schuhe. Und stellen die Kinder dann fest, daß sie den Schläger kaum halten können, landet die Ausrüstung in der Ecke oder unter dem Bett. Und ohne zu zögern fordern, sie als

161

Sportlicher Verhaltenskodex für Eltern

- Loben Sie gute Leistungen und gutes Spiel unabhängig von Mannschaft und Ergebnis.

- Unterstützen Sie die Trainer, wo Sie können, und tragen Sie Meinungsverschiedenheiten mit ihnen nicht vor Ihren Kindern aus.

- Halten Sie Ihre Kinder zum Beachten der Regeln an; ermutigen Sie sie niemals, andere Spieler anzugreifen, zu beleidigen oder Faul zu spielen.

- Bestrafen Sie Ihre Kinder niemals wegen Fehlleistungen. Ermutigen Sie sie, es beim nächsten Mal noch besser zu versuchen.

- Zwingen Sie Ihre Kinder nicht zum Sport, wenn sie nicht interessiert sind. Versuchen Sie Alternativen anzubieten.

- Ziehen Sie niemals über den Schiedsrichter her. Wenn Sie der Meinung sind, der Schiedsrichter sei ungeeignet, wenden Sie sich an die Sportinstitutionen.

nächstes die neuesten Skier mit dem phantastischen Argument, es sei ja jetzt ohnehin Winter und das Tennisspielen im Moment nur in der teuren Halle möglich. Sie müssen auf einige Diskussionen gefaßt sein, bis es Ihnen gelingt, sie zu überzeugen, es erst einmal mit geliehenem Schläger zu versuchen: Boris Becker hat schließlich auch mit dem alten Holzschläger des Opas angefangen!

Soziale und weitere Aspekte des Sports

Die sozialen Aspekte des Sports sind nicht zu vernachlässigen. Oft ist es für die Kinder (vor allem in der Großstadt) die einzige Möglichkeit, außerhalb des engen Rahmens der

Schule und des eigenen sozialen Umfelds Freunde zu finden. Hier bieten sich die Sportstätten und Sportvereine an, in denen Menschen aus den verschiedensten Lebensbereichen (und sozialen Schichten) zusammenkommen, was für eine erhebliche Horizonterweiterung, offenere Weltsicht und Toleranz bei den Kindern sorgen kann.

Das Vereinsleben

In den Vereinen lernen die Kinder die Rechte und Pflichten, die die Zugehörigkeit zu einem sozialen Verbund mit sich bringt. Sie lernen, daß man als Mannschaftsmitglied die eigenen Interessen manchmal dem Wohl des Ganzen opfern muß. Und sie erfahren, daß im organisierten Sport nicht nur „Führungspositionen" vergeben werden, wie etwa die Kapitänswürde in einer Mannschaft (was allen Kindern sehr schmeichelt), sondern auch, daß diese Würde von Fall zu Fall unangenehme Seiten mit sich bringt – ja, manchmal sogar Freundschaften gefährden kann.

Führungsqualitäten sind nicht angeboren, sondern erlernt. In unserer Altersgruppe ist es wichtig, daß die jungen Kapitäne Unterstützung durch ihre Eltern finden, mit denen sie die Schwierigkeiten ihres Jobs besprechen können.

„Das ist so gemein, Papi, Ich bin der Kapitän, aber keiner will das machen, was ich sage."

„Gibst du ihnen denn die Gelegenheit zu sagen, was sie machen wollen?"

„Nein, ich dachte, ich müßte mir das alleine ausdenken."

„Mußt du nicht. Vielleicht kannst du die Hälfte deiner Probleme schon dadurch lösen, daß nicht alle das gleiche wollen. Und den übrigen kannst du vorschlagen, daß jeder nacheinander an die Reihe kommt. Daß das gerecht zugeht, dafür mußt natürlich du sorgen."

163

„Stimmt, das könnte funktionieren. Jeder muß halt einmal
für zehn Minuten ins Tor gehen."

Sport im Fernsehen

Ist Fernsehsport immer noch besser als gar kein Sport? Im
Ernst: Kinder (und Eltern) können durch den Fernsehsport
durchaus dazu angeregt werden, einen Sport auszuprobieren oder einem Sporthelden nachzueifern (im übrigen sind
Sportsendungen immer noch besser als gewaltträchtige Kri-
misendungen). Veranstaltungen wie die Olympischen Spiele zeigen eine enorme Bandbreite an Sportarten, für die
sich Ihr an Fußball oder Tennis nicht interessiertes Kind
vielleicht begeistern kann.

Hier finden sich Sportarten wie Judo, die einen ethischen
Hintergrund haben, deren Leistungsanforderungen indivi-
duell zugeschnitten sind und besonders auf Körperbeherr-
schung ausgelegt sind – Sportarten also, die gut geeignet

sind für Kinder, die im üblichen Sportbetrieb nicht mithalten können oder wollen und deshalb das Interesse am Sport ganz zu verlieren drohen.

Geben Sie Ihren Kindern eine sportliche Chance. Die Mühe und Zeit, die Sie das kostet, erhalten Sie hundertfach zurück durch das Vergnügen, das Sie an der positiven körperlichen und charakterlichen Entwicklung Ihrer Kinder haben werden. Außerdem verbinden gemeinsame sportliche Aktivitäten Eltern und Kinder, bringen besseres gegenseitiges Verständnis hervor und tragen ganz allgemein zu einem harmonischen Familienleben bei.

Aufregende Elfer

Selbstbewußte Kritiker

Elfjährige treten in eine neue wichtige Übergangsphase ein. Sie stehen schon an der Schwelle zum Jugendlichen, werden entsprechend unabhängiger und beginnen sich immer mehr Gedanken über ihre Zukunft zu machen. Sie versuchen ihr Leben selbst in die Hand zu nehmen und wichtige Entscheidungen selbständig zu treffen.

☼ Elfjährige brauchen besonders viel Aufmerksamkeit von ihren Eltern – widmen Sie ihnen also die Zeit, die notwendig ist, um mit Ihren Kindern all die Dinge zu besprechen, die sie jetzt beschäftigen.

Elfjährige haben physisch und psychisch nicht wenig zu leisten, erreichen aber auch viele neue Horizonte. Unterstützen Sie nach Kräften diese Entwicklungsphase und freuen Sie sich mit Ihrem Kind daran. Hören Sie Ihrem Elfjährigen zu; werden Sie sein Freund, damit Sie zusammen die Turbulenzen des folgenden Jahrzehnts Seite an Seite durchschreiten können.

„Ich will mich in der Schule anstrengen, damit ich Malerin werden kann."
„Was muß man denn tun, um Malerin werden zu können?"
„Man geht auf eine Kunstakademie."
„Weißt du schon, wo es eine Kunstakademie gibt?"
„Ja, in München zum Beispiel."
„Du hast dich ja schon gut informiert."
„Ja, ich glaub das würde mir liegen und unheimlich viel Spaß machen."

167

 Anziehen und Kleidung

 Essen und Trinken

 Baden

 Schlafengehen

Alles, was bisher eingeübt wurde, beherrschen die Elfjährigen jetzt tadellos. Zumeist haben sie auch den Willen, das zu tun, was Sie als Eltern von ihnen verlangen. Da die pubertäre Trotzphase im allgemeinen noch nicht begonnen hat, können Sie als Eltern nun eine harmonische Phase mit Ihrer Elfjährigen oder Ihrem Elfjährigen erleben. Anerkennen Sie Ihr Kind als eigenständige Persönlichkeit und versuchen Sie auch im Alltag, auf die Wünsche Ihres Sprößlings einzugehen, ohne jedoch die nötigen Grenzen und Benimmregeln außer Kraft zu setzen.

Freunde

Elfjährige entwickeln zum einen stark ihre Individualität, zum anderen möchten sie aber auch Mitglieder in einer Gruppe wie zum Beispiel in einer Sportmannschaft sein und sich als Persönlichkeit in der Gruppe erleben und profilieren.

Sehen Sie das als wichtigen Teil der kindlichen Persönlichkeitsbildung an und auch als ersten wichtigen Schritt im Ablösungsprozeß vom Elternhaus.

Ermutigen Sie Ihre Kinder, die Freunde mit nach Hause zu bringen – damit auch Sie die Freunde kennenlernen und „mitreden" können, wenn das Gespräch auf sie kommt.

Kritische Sicht der Welt

Einige Elfjährige haben bereits die letzte Stufe ihrer kognitiven Entwicklung, d. h. die Ebene des „formal-operationalen" Denkens erreicht. Jetzt sind sie in der Lage, logisch zu denken, Vorgänge der Gegenwart in die Zukunft zu projezieren und ganz allgemein eine kritische Analyse der Welt um sie herum vorzunehmen. Auf dieser Ebene angelangt, sind die Kinder auch bereit, die Verantwortung für ihre Entscheidungen zu übernehmen. Manchmal richtet sich die neugewonnene Kritikfähigkeit natürlich auch gegen die Eltern.

Machen Sie sich also darauf gefaßt, Ihre Überzeugungen und sich selbst gegen die Angriffe Ihrer Elfjährigen verteidigen zu müssen. Elfjährige fordern ihre Eltern gerne heraus, nur um deren wahre Persönlichkeit kennenzulernen.

Körperliche Veränderungen

Einige der Elfjährigen werden bereits die ersten Anzeichen körperlicher Veränderung spüren. Bei den Mädchen beginnen Schamhaare und Brüste zu wachsen, sie entwickeln an verschiedenen Stellen Fettpolster und beginnen zu menstruieren. Um damit umgehen zu können, brauchen die jungen Teenager Ihre Unterstützung, Führung und Ermutigung. Wenn man diese Veränderungen bereits durchspricht, bevor sie eintreten, kann man Schocks und Überraschungen vermeiden.

☀ Machen Sie Ihren Kindern klar, daß körperliche Veränderungen völlig normal sind und allen Menschen passieren.

Mädchen

Viele Eltern sprechen zwar frühzeitig mit ihren Töchtern über die Menstruation, erzählen aber den Söhnen erst sehr viel später – wenn überhaupt –, was mit den Mädchen passiert. Diese Nichtinformation kann zu peinlichen Fehlschlüssen und zu Fehleinschätzungen des Mädchenverhaltens führen.

„Mit Johanna stimmt irgend etwas nicht."

„Warum sagst du das?"

„Na, als wir heute schwimmen gegangen sind, sah es so aus, als habe sie in die Hose gemacht."

„Hast du sie gefragt, was los sei?"

„Was für eine Frage? Natürlich nicht!"

„Wahrscheinlich war es eine Slipeinlage. Wenn das Blut an die Luft kommt, wird es dunkelbraun."

„Das ist alles? Ich dachte, sie wäre krank oder so was."

Jungen

Auch Jungen entwickeln Fettpolster an der Brust und an den Hüften. Vielen ist das ziemlich peinlich, vor allem, wenn die Freunde sie damit aufziehen. Nachts haben die Jungen ihre ersten „nassen" Träume und ejakulieren ihre ersten Samen. Wichtig ist, ihnen klarzumachen, daß auch dies völlig normal ist. Machen Sie keine Affäre daraus: Die Bettwäsche sollten Sie kommentarlos in die Waschmaschine stecken.

Pubertät gut vorbereiten

Einige Kinder nehmen sich die Veränderungen allzusehr zu Herzen, und ihnen ist schon der Gedanke fürchterlich peinlich, daß alle über sie reden. Dabei ist es hilfreich, wenn die Eltern ihren Sprößlingen erzählen, wie es ihnen damals ergangen ist, damit sie erkennen, daß dies alles ganz normal und natürlich ist.

„Mami, kennst du das Lied von Madonna *Like a Virgin*? Was heißt das eigentlich?"

„Du willst wissen, was eine *virgin*, eine Jungfrau, ist?"

„Ja, die Kinder in der Schule haben mich ausgelacht, weil ich nicht wußte, was das heißt."

„Also, das ist eine längere Geschichte;

171

es ist wohl an der Zeit, daß ich dir die Dinge genauer erkläre. Komm, wir setzen uns hin, und ich erzähle dir, was es mit der Jungfrau auf sich hat."

Wenn Sie sich unsicher fühlen, wie Sie solche Fragen besprechen sollen, besorgen Sie sich am besten ein entsprechendes Buch und sorgen Sie dafür, daß Sie es zusammen mit Ihrem Sohn oder Ihrer Tochter durchsehen. Für Kinder kann es sehr verwirrend und frustrierend sein, wenn sie merken, daß die Eltern zu schüchtern sind, um sexuelle Fragen mit ihnen zu besprechen. Scheuen Sie nicht diese Anstrengung, damit Ihre Kinder auch in dieser wichtigen Angelegenheit Vertrauen zu Ihnen gewinnen können.

Überlassen Sie daher die Aufklärung Ihrer Kinder nicht dem Gemunkel und den Mutmaßungen der Gleichaltrigen. Wenn Sie sich frühzeitig darauf vorbereiten, können Sie jederzeit die Fragen der Kinder offen und direkt beantworten. Noch besser ist es, wenn Sie diese Fragen auch mit Ihrem Partner diskutieren, so daß beide Elternteile gleichermaßen am Aufklärungsprozeß der Kinder teilnehmen.

Problem: Gewalt unter Kindern

Aggression und Gewalt

Was heutige Eltern mehr und mehr mit Sorge erfüllt, ist die zunehmende Gewaltbereitschaft unter Kindern und Jugendlichen.

Dabei befürchten die Eltern nicht nur, daß ihr Kind Opfer von Gewalttaten wird, sondern sie geraten auch in Sorge, wenn ihr eigenes Kind ungewöhnliche Aggressivität gegen andere Kinder oder gar gegen die eigenen Eltern zeigt.

Daß Kinder sich ab und zu verprügeln, gehört ebenso zur natürlichen kindlichen Entwicklung wie, daß sie gegen ihre Eltern aufbegehren. Diese Erfahrung von Grenzen und

172

Möglichkeiten verhilft ihnen zur Ausbildung ihrer Individualität. Allerdings wird heute beobachtet, daß das natürliche Ausleben von Gewalt und Aggression weit über das für eine zivilisierte Gesellschaft erträgliche Maß hinausgeht.

Woher kommt der Aggressionsstau?

Da in der heutigen Ellenbogengesellschaft Gewaltausübung mehr oder weniger hoffähig geworden ist, verwundert es nicht, wenn die Kinder als Spiegelbild der Erwachsenenwelt sich dementsprechend aggressiv verhalten.

Wenn Sie als Eltern Ihr Kind für allzu aggressiv halten, sollten Sie darüber nachdenken, ob Ihr Kind entweder zuviel Gewalt selbst erfährt, oder ob es gewalttätige Szenen beispielsweise im Reality-TV oder in sonstigen Sendungen oder Videos mitbekommt.

Muß Ihr Kind vielleicht familiäre oder schulische Schwierigkeiten überspielen, und führt dies womöglich zu ungewöhnlicher Aggressivität? Nicht selten versuchen Kinder mit Gewaltaktionen ihre Unsicherheit und ihre Ängste zu kompensieren, was nicht selten in einen Kreislauf von Gewalt mündet.

Eine weitere Schwierigkeit für heutige Kinder ist die Orientierungslosigkeit, das Verwischen von Gut und Böse, so daß sie sich gar nicht bewußt sind, was sie anrichten, wenn sie andere Kinder schlagen und verletzen. Oftmals zeigen gewalttätige Kinder dabei erschreckend wenig Mitleid mit anderen. Mitleid scheint erstens als nicht „cool genug" verpönt zu sein, und zweitens haben diese Kinder selbst wohl auch niemals Mitleid oder Verständnis erfahren.

☀ Versuchen Sie zu ergründen, woher die Aggressivität Ihres Kindes kommt, und wenden Sie sich notfalls an einen Therapeuten.

173

Bringen Sie Ihren Kindern eine Streitkultur bei, in der Konflikte offen ausgetragen werden dürfen. Setzen Sie Ihren Kindern Grenzen, zeigen Sie Ihnen, was Sie für richtig und für falsch halten, damit sie sich daran orientieren oder auch dagegen entscheiden können.

Elterliche Gleichgültigkeit fördert die Unsicherheit und die Ängste der Kinder und führt nicht selten zu einem Aggressionsstau, der sich irgendwann einmal entladen muß. Zeigen Sie Ihren Kindern, wie Sie selbst gelernt haben, mit Gewalt und Aggression umzugehen.

Wenn Ihr Kind zum „Prügelknaben" wird

Kinder neigen dazu, wenn sie sich zu Gruppen zusammenschließen, sich nach strengen Normen auszurichten, um dann mit Vergnügen die „Normbrecher" zu verspotten. Das gemeinsame Verspotten erhöht und bestärkt den Gruppenzusammenhalt. Nur sehr starke und selbstbewußte Kinder können es sich leisten, gegen diese Normen zu verstoßen, ohne zum Außenseiter zu werden.

Wenn Ihr Kind das Pech hat, immer entweder aus der Gruppe ausgeschlossen, gehänselt, geärgert oder sogar körperlich gequält zu werden – oft aus ganz nichtigem Anlaß –, müssen Sie zunächst einmal den Grund hierfür ausfindig machen. Liegt es vielleicht an Äußerlichkeiten wie besonderer Kleidung, besonderem Haarschnitt, besonderen Verhaltensweisen, besonderen Sprachmerkmalen oder gar an Ihren eigenen Vorstellungen?

Auch wenn Sie gewisse Vorbehalte gegen bestimmte Jeans-, T-Shirt- oder Turnschuh-Marken hegen, sollten Sie es doch Ihrem Kind erlauben, sich, soweit möglich, anzupassen. Oder muß sich Ihr Kind an zu viele Verbote halten und kann deswegen nicht in der Gruppe mithalten? Selbstkritisch sollten Sie überprüfen, an was es liegen könnte, daß Ihr Kind zum „Prügelknaben" geworden ist. Wenn diese Schwierigkeiten in der Schule auftreten, wenden Sie sich am besten an die Lehrkraft, die mit ihrer Erfahrung das Problem vielleicht besser lösen kann als Sie selbst.

☀ **Stärken Sie mit allen Mitteln das Selbstvertrauen Ihres Kindes.**

Versuchen Sie die „anstößigen" Äußerlichkeiten, so gut es geht, zu beseitigen. Setzen Sie Ihr Kind nicht unter zusätzlichen Druck, indem Sie es auffordern, es solle sich wehren oder zurückschlagen, sondern unterstützen Sie Ihr Kind, indem Sie es zu Hause trösten. Hat Ihr Kind genügend Selbstbewußtsein gewonnen, wird es sich den anderen gegenüber nicht mehr so verletzlich zeigen.

Wirken die ganzen Hänseleien und Sticheleien nicht mehr, so verlieren die anderen Kinder meist schnell die Lust und den Spaß daran.

Thema: Fernsehen, Videos und Computer

Der Umgang mit elektronischen Medien

Auswirkungen des Fernsehkonsums

Unbestritten hat das Fernsehen in den letzten 30 Jahren einen immer höheren Stellenwert in unserem Leben eingenommen. Etwa 98 % der Haushalte besitzen ein Fernsehgerät oder gleich mehrere. Fernsehen ist zum bequemsten allgemeinen Unterhaltungsmittel geworden.

Das Interessante dabei ist, daß wir in der Regel den Einfluß, den das Fernsehen ausübt, kaum wahrnehmen und auch seine Wirkungsmechanismen nur sehr vage einschätzen können. Die Auswirkungen des Fernsehens auf Kinder und Jugendliche werden seit langem wissenschaftlich

175

untersucht, wobei sich die Ergebnisse sehr wiedersprechen. Die Experten stimmen lediglich darin überein, daß das Fernsehen sowohl Einzelpersonen als auch die Gesellschaft als Ganzes stark beeinflußt, welche Sendungen welche Wirkungen haben, ist jedoch bis heute umstritten – bestes Beispiel: Gewalt.

Die Zunahme der Gewaltbereitschaft unter Jugendlichen wird auf der einen Seite der alltäglichen Gewalt im Fernsehen zugeschrieben – auf der anderen Seite glauben viele sogar, es sei genau umgekehrt, nämlich daß die Fernsehgewalt eine „Ersatz"-Gewaltausübung ermöglicht und die Subjekte dadurch auf der Straße friedlicher seien als zuvor.

Die heutige Elterngeneration

Die Elterngeneration der 90er Jahre ist einerseits bereits mit dem Fernseher aufgewachsen und steht daher dem Medium kaum mehr so kritisch gegenüber wie noch die vorherige Generation.

Andererseits sind sich aber viele Eltern aus dieser Generation darüber einig, daß zuviel und wahlloses Fernsehen für Kinder schädlich ist. Anlaß also, ein paar Überlegungen anzustellen, welchen Einfluß das Fernsehen auf die hier behandelte Altersgruppe haben könnte und was Eltern beachten sollten, wenn sie ihre Kinder verantwortungsbewußt durch den Fernsehdschungel führen wollen.

Fünfer und Sechser vor der Glotze

Wie schon erwähnt: Kinder in diesem Alter sehen die Welt schwarzweiß (selbst wenn sie einen Farbfernseher zu Hause haben). Deshalb gefallen ihnen Sendungen besonders gut, in denen offensichtliche Bösewichte und gute Helden vorkommen. Solche Sendungen machen die Kinder mit den dunklen, gefährlichen Seiten des Lebens bekannt, wobei am Ende das Gute aber immer siegt – ganz nach dem Prinzip der klassischen Märchen. Zwischentöne dagegen verwirren die Fünf- bis Sechsjährigen, denn daß jemand gut und böse zugleich sein kann, können sie noch nicht richtig verstehen.

- Es könnte also durchaus angebracht sein, die Kleinen solche Gut-Böse-Geschichten anschauen zu lassen (über die man sich wegen ihrer Undifferenziertheit natürlich aufregen kann). Allerdings sollten die Sendungen gewaltfrei sein.

- Weiter sollte man versuchen, den Kleinen klarzumachen (durch entsprechende Diskussionen auch abseits des Fernsehens), daß die Wirklichkeit anders aussieht, daß das „Böse" Ursachen hat und sich bessern kann und das „Gute" auf glücklichen Umständen beruhen und sich auch verschlechtern kann.

- Damit vermeiden Sie ganz allgemein, daß die Fünf- und Sechsjährigen ihre rigorose Richtig-Falsch-Sicht der Welt bis ins Erwachsenenleben hinüberretten (wir kennen ja alle solche stehengebliebenen Fünfjährigen).

- Fünf- und Sechsjährige vermögen nur kurze, leicht „verdauliche" und unterhaltsame Informationen zu verstehen und zu behalten, da ihre Merkfähigkeit und ihre Aufmerksamkeitsdauer noch begrenzt sind. Wenn in den kurzen Info-Clips wiedererkennbare Gestalten (à la Sesamstraße) vorkommen, erleichtert die gleichbleibende Identität der Charaktere den Merkeffekt und regt die Kinder zum Nachspielen mit anderen Kindern an.

- Auf Grund ihrer noch mangelnden Fähigkeit, vorauszudenken und logische Schlüsse zu ziehen, bleiben bei den Fünf- und Sechsjährigen meist nur Szenenfetzen aus den übrigen Programmen haften, die sie zwar fasziniert anschauen, aber aufgrund ihres komplizierten Inhalts

177

nicht verarbeiten können. In diesem Fall sollten Sie als Eltern entweder den nächsten Werbeblock zum Anlaß nehmen, Ihr Kind ins Bett zu bringen oder mit Ihrem Kind über die Sendung sprechen, d. h. ihr Kind erzählen lassen, was es denn gesehen hat. Auf diese Weise erfahren Sie, was Ihr Kind überhaupt aufnehmen, verarbeiten und mit eigenen Worten wiedergeben kann.

• Die Gutgläubigkeit sowie das noch fehlende Realitätsbewußtsein der Fünf- bis Sechsjährigen kann es erforderlich machen, daß Sie mehr am Fernseher präsent sein müssen, als Ihnen lieb ist. Auch in vielen sogenannten Kindersendungen wird eine Realität vorgeführt, die die Kinder zu völlig falschen Schlüssen verleitet. Hier sollten Sie als Eltern eingreifen, um Fehlinterpretationen auszuräumen: ALF, muß man zum Beispiel erklären, ißt in Wirklichkeit keine Katzen.

Siebener bis Zehner vor der Glotze

Sieben- bis Zehnjährige schauen schon ganz anders fern. Ihr Verständnisgrad erhöht sich zusehends. Sie können einer Handlung folgen, die dem einfachen Muster von Anfang, Mitte, Ende folgt. Danach gefragt, werden sie sich an die wichtigsten Ereignisse erinnern, wenn auch vielleicht nicht gerade in der richtigen Reihenfolge.

Den cleveren Dialogen können sie allerdings noch nicht viel abgewinnen, die witzigen Pointen gehen oft noch an ihnen vorbei (da „hilft" es schon, daß bei amerikanischen Familienserien immer vorgelacht wird – was nicht heißen soll, daß diese Serien für Sieben- bis Zehnjährige gemacht sind).

Humor spricht die Sieben- bis Elfjährigen sehr an, vor allem, wenn die Regeln normalen Verhaltens (sprich die Machtverhältnisse) gebrochen werden und Kinder Erwachsene auf den Arm nehmen oder in Zeichentrickfilmen die

Tiere menschliche Züge annehmen und mit Menschen „Katz und Maus" spielen. Diese „anarchischen" Züge werden ergänzt durch die melodramatische Hingabe der Zehnjährigen, die sich völlig mit einer Figur identifizieren können, um deren „stilles Leiden" dann auch außerhalb der Sendungen an den Tag zu legen.

- Auch in diesem Alter haben Kinder noch große Schwierigkeiten, Wirklichkeit und Scheinwelt des Fernsehens auseinanderzuhalten. Daher ist es gut, ein Auge auf sie zu haben, um sie von Nachahmungen der Filmstunts abzuhalten. Wenngleich sich meist das Eintauchen in die Glamourwelt auf das harmlosere Einheiratenwollen in die Hollywood-Familien der Vorabendserien beschränkt.

179

- Viel weniger harmlos sind augenscheinlich die bei Kindern überaus beliebten Zeichentrickfilme, da sie oft voller Gewaltszenen stecken. Studien haben bewiesen, daß jüngere Kinder Cartoons als ebenso echt ansehen wie mit menschlichen Darstellern gedrehte Filme. Also sollte man sich auch bei Zeichentrickfilmen den Inhalt genauer ansehen, denn es reicht nicht aus, daß die Guten immer gewinnen.

- Zwei Möglichkeiten bleiben den Eltern von Fünf- bis Elfjährigen: die Sendungen mit den Kindern zusammen anzusehen, um kommentierend und richtigstellend (notfalls ausstellend) eingreifen zu können, oder die Auswahl auf die Sendungen zu beschränken, die sich wirklich als harmlos herausgestellt haben.
Die Umsetzung des letzteren dürfte jedoch manchmal an den Verlockungen der Fernbedienung scheitern, weshalb auch hier gelegentliche Stichproben unumgänglich sind.

- Das erfordert allerdings, daß die bequeme Praxis, mit Hilfe des Fernsehers die Kinder ruhigzustellen und zu unterhalten, eingeschränkt werden muß.

- Und im übrigen muß der Fernseher, eventuell durch spezielle Sicherungsmaßnahmen (abschließbare Stromzufuhr), unzugänglich gemacht werden können.

- Die Kontrolle der Inhalte heißt natürlich nicht, daß die Kinder bei der Auswahl der Sendungen nicht mitreden dürfen. Natürlich wollen sie bestimmte populäre Sendungen sehen, um in der Schule mitreden zu können.

- Wenn in der Familie wenig zusammen unternommen wird, ist das Fernsehen oft die einzige gemeinsame Vergnügung. In diesem Fall bietet sich an, wenigstens über die Sendungen zu sprechen, um die familiäre Kommunikation nicht völlig einschlafen zu lassen.

- Es ist wichtig, daß Sie die Sendungen kennen, die Ihre Kinder anschauen, daß Sie helfen, auszuwählen, und daß Sie auch Sendungen, die Ihnen nicht zusagen, kategorisch verbieten, selbst wenn alle „anderen Kinder" angeblich die Sendung anschauen dürfen.

- Beachtenswert ist – so interessant und lehrreich auch die tollsten Dokumentarfilme sein mögen –, daß viele Kinder, haben sie von einem Thema schon einmal gehört, in der Schule denselben Stoff oft nicht mehr bearbeiten wollen. Viele Lehrer klagen heute über diesen „Abnutzungseffekt".

- Wenn Kinder dieser Altersgruppe zweimal wöchentlich ausgewählte Sendungen anschauen, so entsteht keine „Fernsehsucht" und es bleibt noch genügend Zeit, um kreativen Tätigkeiten nachzugehen.

Die Fernsehalternative: Video

Mit der Ankunft des Videorekorders haben sich die Sehgewohnheiten der TV-Konsumenten stark verändert. Video hat einen gewaltigen Vorteil: Selektivität. Der Zuschauer ist sowohl inhaltlich wie zeitlich unabhängig von den ausgestrahlten Fernsehprogrammen geworden und kann nach seinem Gusto, das für ihn Passende auswählen. Entweder, indem er bestimmte Sendungen aufzeichnet, oder indem er das Angebot kommerziell hergestellter Videobänder wahrnimmt.

Die Vorteile

Mit Video können Sie ein für Ihre Kinder passendes, auf das Alter und die Auffassungsgabe abgestimmtes Programm selbst zusammenstellen. Sie können pädagogisch Wertvolles mit Zeichentrick- und Familiensendungen mischen, wie

181

es Ihnen beliebt. Und nicht zu vergessen, mit Video können Sie die Zeit bestimmen, wann ferngesehen wird.

Die Nachteile

Die Freiheit zur einen Seite hin hat natürlich auch ihre Schattenseite. Während sich das Fernsehen zumindest an einen durchschnittlichen ethischen Standard halten muß, sind auf dem Viedeomarkt selbst den häßlichsten Produktionen keine Grenzen gesetzt (und die strafrechtlichen Grenzen sind kaum kontrollierbar). Das bedeutet, daß Sie auch hier nicht um eine Kontrolle des Videogeräts und der Kassetten Ihrer Kinder herumkommen.

Da hilft es auch nichts, daß Sie selbst vielleicht Mühe haben, die Bedienungsanleitung zu verstehen – denn die heutigen Fünfjährigen finden erfahrungsgemäß schnell heraus, wie die Rekorder funktionieren. Und mit der Selbstbedienungsfähigkeit sind sie auch in der Lage, sich Videos zu schnappen, die nicht für ihre Augen bestimmt sind.

Sie mögen sich sagen, daß Sie keine Videos im Haus haben, die eine Gefährdung für die Kinder darstellen können, oder daß der Videorekorder für die Kinder ja unzugänglich aufbewahrt wird – das kann aber im Hause des besten Freundes oder der besten Freundin ganz anders aussehen.

„Willst du mitkommen und ein Video anschauen?"
„Ja, gerne, unser Rekorder wird immer abgeschlossen."
„Was willst du denn ansehen?"
„Keine Ahnung, was du halt so hast, irgendwelche Filme vielleicht?"
„Ich glaub' schon. Mein Vater sagte zum Onkel Fritz neulich, das wäre eine Superfilm."
„Wie heißt er denn?"
„Sado-Maso-Party."
„Hört sich komisch an, aber laß uns mal reinschauen."

Auswirkungen schlechter Videos

Leider sind Videos, die nicht einmal den niedrigsten Standard ethischen Verhaltens einhalten und außerdem sehr primitiv gemacht sind, in hohen Stückzahlen im Umlauf. Spektakuläre Gerichtsfälle haben Gewalttaten von Kindern aus der hier behandelten Altersgruppe ans Tageslicht gebracht, die anscheinend als direkte Folge von Gewaltvideos verübt worden waren.

Aus der mehrfach beschriebenen eingeschränkten Weltsicht der Fünf- bis Elfjährigen folgt, daß diese Art Videos bei ihnen noch weit verheerendere Folgen anrichten können, als dies etwa bei den älteren Kindern der Fall ist.

Wenn Sie also erfahren, daß Ihr Kind solche Videos beispielsweise bei Freunden zu Gesicht bekommt, sind drakonische (Quarantäne-) Maßnahmen angebracht – die Gefahren, die von diesen Videos ausgehen, wiegen genauso schwer wie diejenigen, die von Drogen ausgehen.

183

Es versteht sich von selbst, daß Sie die Eltern der Freunde Ihres Kindes, wenn es sein muß, zur Rede stellen und – falls das nichts nützt – notfalls Ihrem Kind Besuche bei diesen Freunden verbieten müssen.

Kinder und Computer

Computer gehören heute schon beinahe zur Standardausrüstung der Haushalte. Viele Lehrer und Eltern unterstützen bedingungslos den Erwerb von Personalcomputern für den Einsatz in der Schule und zu Hause – oftmals allerdings, ohne im einzelnen die konkreten Verwendungsmöglichkeiten zu bedenken oder zu planen.

Eltern, die sich Sorgen um die beruflichen Aussichten ihrer Kinder machen, meinen, die Beherrschung der Computer wäre der Schlüssel für eine erfolgreiche Zukunft. In der Tat sind viele Ausbildungsgänge heute ohne Computer kaum mehr vorstellbar. Andererseits gibt es nicht wenige, die den Maschinen immer noch mit Ehrfurcht begegnen und ihnen fast magische Kräfte zuschreiben. Was diese „magischen" Fähigkeiten der Computer aber betrifft, bleibt beim näheren Hinsehen nicht viel übrig. Die Magie beruht im wesentlichen

- auf der Geschwindigkeit: Computer brauchen einfach für die gleichen Operationen nur einen Bruchteil der Zeit wie der Mensch.

- auf der Wiederholungsfähigkeit: Daten können beliebig oft vervielfältigt und verändert werden.

- auf der Speicherfähigkeit und der Datenpräsenz: Informationen können so abgelegt werden, daß sie sinnvoll geordnet werden und schnell zur erneuten Bearbeitung wieder zur Verfügung stehen.

184

Kinder sind den Eltern voraus

In der Fähigkeit, die Grundfunktionen des Personalcomputers zu bedienen, haben viele Kinder ihre Eltern bereits überholt. Schon jetzt sichern sich die Kinder unserer Altersgruppe die allgemein beschworenen Wettbewerbsvorteile, indem sie alle Arten von elektronischen Spiele beherrschen, angefangen von den Cardgames bis hin zu den „echten" Computerspielen.

Dabei vertiefen sie sich in diese Materie und erwerben weiterführende Kenntnisse in einem Bereich, den viele Eltern (noch) nicht beherrschen. Da die Bedienung von Computern, also die Beherrschung der allgemeinen Funktionen des Betriebssystems und der besonderen Funktionen der Anwendungssoftware, immer einfacher wird, können schon Fünfjährige allerlei „Spielchen" treiben. Dabei entsteht für die Eltern die Schwierigkeit, daß sie etwas kontrollieren müssen, über das sie sich selbst erst einmal den Überblick zu verschaffen haben. Es wird also viel weniger darauf ankommen, ob Kinder mit einem Computer umgehen sollen oder nicht, als vielmehr mit welchen Inhalten sich die Kinder dieses Alters beschäftigen sollen, wenn sie den Computer bedienen.

Computer im Kinderzimmer

Viele Eltern befürchten nicht ganz ohne Grund, daß durch den Einzug der Computer ins Kinderzimmer ihre Kinder den Bezug zur Realität noch mehr verlieren werden wie durch das Fernsehen. Sie befürchten, daß ihre Kinder nur noch vor dem Bildschirm sitzen werden, um vor dem Alltag zu fliehen.

Zwar ist ein gewisser Computerautismus bei der Gruppe der Zehn- bis Dreizehnjährigen bekannt, doch ziehen die meisten Kinder es bislang vor, mit anderen Kindern zusammen am Computer zu spielen.

185

Computerspiele

Computerspiele haben gegenüber dem Fernsehen den großen Vorteil, daß die Kinder mitmachen können. Die Kinder sind nicht zu passivem Konsumieren gezwungen, sondern können je nach Art des Spiels sich unterhalten, etwas lernen oder sich mit anderen Kindern im Wettkampf messen.

Welche Spiele sind empfehlenswert?

Am beliebtesten und verbreitesten sind die Reaktions- und Denkspiele. Diese – oft sehr spannenden – Spiele erfordern hohe Konzentration und schnelles Reaktionsvermögen. Sie fördern die manuelle Geschicklichkeit und Feinmotorik der Kinder und zugleich ihr Reaktions- und Kombinationsvermögen. Daneben gibt es Spiele, die auf gesellschaftliche

186

Probleme aufmerksam machen und bei denen man clevere Lösungen für die jeweilige Problematik finden muß.

Ebenso beliebt sind Sportspiele und Simulationsspiele. Bei diesen Fußball-, Tennis- oder Leichtathletikspielen sind die Spielmöglichkeiten nahezu unbegrenzt, ebenso bei Simulationsspielen, die sich auf Flugbahnen, Rennstrecken oder im Rahmen historischer Schlachten abspielen.

Zunehmend werden auch die sogenannten Lernprogramme interessanter und spannender. Während sie bis vor kurzem noch als langweilig galten, finden nun immer mehr Kinder Spaß daran, beispielsweise ihre Englischvokabeln am Computer zu lernen.

Neben den Fremdsprachenprogrammen werden komplizierte Malprogramme oder mit vielen Bildern und Karten ausgerüstete Erdkundeprogramme angeboten. Noch während Sie diese Zeilen lesen, kommen ständig neue und immer bessere Lern- und Lehrprogramme auf den Markt, die die Welt des Lernens in Zukunft nicht nur zu Hause, sondern auch in der Schule revolutionieren werden.

Wann sollten Computerspiele verboten werden?

Verantwortungsbewußte Eltern sollten sich die Auswirkungen von Computerspielen klarmachen. Verboten gehören beispielsweise alle Computer-Kriegsspiele, da sie den Kindern Gewalt als legitime Problemlösung suggerieren, oft gar Freude am Töten vermitteln und dadurch zur Verrohung und Brutalisierung führen. Studien haben gezeigt, daß besonders ältere Kinder emotionale Störungen aufweisen, hervorgerufen durch diese Spiele. Auch Spiele, in denen die Kinder zu Herren über Gut und Böse werden, führen dazu, daß die Kinder in der Realität kein eigenes Unrechtsbewußtsein mehr entwickeln können.

Weiter ist zu bedenken, daß manche Kinder dazu neigen, lieber mit dem Bildschirm zu kommunizieren, als sich mit

187

ihren realen Freunden auseinanderzusetzen. Und wenn Kinder sich stunden- und tagelang nur mit Computerspielen beschäftigen, finden sie nicht mehr aus der Scheinwelt des Spiels zurück und verlieren den Bezug zur Realität, was sich in vieler Hinsicht sehr negativ auf ihre Entwicklung auswirkt.

☀ Wägen Sie die Vor- und Nachteile von Computerspielen sorgfältig ab. Bieten Sie Ihren Kindern genügend andere Beschäftigungen an, so daß sich eine Balance zwischen dem Bildschirmleben und dem realen Leben Ihrer Kinder herausbildet.

Computerkauf

Wer aber spielen will, muß auch die geeignete Hardware besitzen. Wenn Sie sich mit dem Gedanken angefreundet haben, Ihrem Sprößling einen Computer anzuschaffen, so helfen Ihnen vielleicht folgende Gesichtspunkte.

Aufgrund der schnellen Fortentwicklung der Personalcomputer besteht das Problem, Modelle zu erwerben, die nicht allzu schnell veralten, d. h. aufrüstbar und ausbaubar bleiben. Bevor man eine größere Investition wagt, sollte man sich auch auf dem Gebrauchtmarkt umsehen, auf dem leistungsfähige und technisch ausreichende Modelle billig zu erstehen sind. Im Regelfall sind Computer sehr haltbar, d.h. die wirklich wichtigen – und teuren – Teile haben lange Lebenszeiten und andere sind leicht ersetzbar.

Kompatibilitätsprobleme sollte es keine geben, solange man sich für die marktführenden Betriebssysteme entscheidet. Der Rechner sollte ausreichende Festplatten- (gemessen in Megabyte: 100 bis 200 Megabyte sollten ausreichen) und Hauptspeicherkapazität haben (ebenfalls in Megabyte gemessen: 8 bis 16 Megabyte reichen hier), damit auch kompliziertere Programme und Spiele, die Sie in Zukunft kaufen, problemlos funktionieren. Nicht unwichtig ist ein guter, hochauflösender (d. h. scharfer) und strahlungsarmer Bildschirm – Ihre Kinder werden nicht wenige Stunden an dem Gerät verbringen. Lösungen, die den Fernseher als Bildschirm miteinbeziehen, sind mit Vorsicht zu genießen, da die Geräte in der Regel im Vergleich zu Computerbildschirmen nur eine geringe Auflösung haben.

Am besten, Sie machen gleich den Rechner zum Familiengerät, das auch andere Funktionen übernehmen kann – zum Beispiel Ihr Haushaltsgeld verwalten. Auf diese Weise sind Sie und Ihre Kinder gewappnet für die Zukunft der Informationsgesellschaft.

Computer in der Schule

Obwohl viele Eltern nicht wollen, daß der Computer bereits in die Grundschule Einzug hält, sind doch die meisten davon überzeugt, daß eine informationstechnische Grundausbildung in der Schule stattfinden sollte. Seit 1985 die Kultusministerien einiger Bundesländer Richtlinien über die Einführung einer solchen Ausbildung erlassen haben, sehen sich viele Eltern gezwungen, einen Computer anzuschaffen, um ihren Kindern die nötigen Vorbereitungs- und Übungsmöglichkeiten zu bieten.

Doch während viele Kinder beginnen, am Computer neuen Spaß am Lernen zu gewinnen, sind die meisten Schulen nicht hinreichend ausgerüstet, um allen Schülern sinnvolle und umfassende Lernprogramme anzubieten. Meist beschränkt sich der Umgang mit dem Computer in den hiesigen Schulen noch auf langweilige Informatikstunden.

So ist der amerikanische Bildungsforscher Seymour Papert davon überzeugt, daß Computer in allen Lehrbereichen einen Platz finden sollten: „Die traditionelle Schule ist überholt, sie paßt nicht mehr in die moderne Informationsgesellschaft. Wir brauchen eine neue Lernkultur." (Seymour Papert: „The Children's Machine." Basic Books, New York)

Besonders in Unterrichtsfächern wie Biologie, Deutsch, Englisch, Musik, Kunst u.a. würde der Computer faszinierende neue Lernmöglichkeiten bieten. Dazu sind aber die heutigen Schulen aus Kostengründen bei weitem nicht ausreichend ausgerüstet.

Der offensichtliche Vorteil von Computern an den Schulen ist, daß die Kinder frühzeitig mit ihnen vertraut gemacht werden, mit der Entwicklung mithalten können und durch die multimedialen Möglichkeiten neue Motivation zum Lernen bekommen. Erste Voraussetzung dafür ist natürlich die Vertrautheit mit der Tastatur, sprich Schreibmaschine schreiben zu können. Wenn Ihr Kind also mit Computern lernen

190

und spielen will, ist es keine schlechte Idee, erst einmal mit
Schreibmaschinenübungen zu beginnen.

☀ Wenn Sie sich einen Überblick über das reichhaltige
  Software-Angebot verschaffen wollen, wenden Sie
  sich am besten an die Beratungsstelle für Neue
  Technologien am Landesinstitut für Schule und
  Weiterbildung in Soest. Die Adresse finden Sie
  im Anhang.

„Rate mal, was wir heute in der Schule gemacht haben
  Papi?"

„Keine Ahnung, erzähl's mir."

„Wir haben einen neuen Computer bekommen, und Frau
  Maier hat die vierte Klasse heute daran üben lassen."

„Das hört sich ja toll an. Bist du auch drangekommen?"

„Nur ein bißchen. Sie sagt, daß man erst auswendig wissen
  muß, wo die Zeichen auf der Tastatur stehen, um richtig
  damit umzugehen."

„Du, ich hab' eine Idee. Im Büro hab' ich noch eine alte Schreibmaschine stehen, darauf kannst du üben. Die Tasten sind ja dieselben, nur beim Computer gibt es noch ein paar mehr."

„Danke Papi, das wäre toll. Da fang' ich gleich an zu üben."

Schlußbetrachtung

Fernsehen, Video und Computer sind als solche wertfreie Medien und zu wichtigen Bestandteilen unseres Lebens geworden. Wie sie gebraucht werden, hängt von dem Benutzer ab. Wenn sie zu Herren unseres Lebens werden, sind wir auf der Verliererseite. Wenn wir sie benutzen, um unser Leben und das unserer Kinder zu bereichern, können wir viel gewinnen.

In jedem Fall verlieren **wir** aber, wenn wir uns diesen Medien nicht stellen, d. h. **wenn** wir nicht lernen, mit ihnen umzugehen, sie einzuschätzen, gegebenenfalls als Instrumente zur Wahrung unserer Rechte und Interessen einzusetzen. Wir können zwar beschließen, „selbstbestimmt" ohne den „negativen" Einfluß des Fernsehens zu leben, doch wir dürfen dabei nicht übersehen, daß das Leben um uns herum damit lebt und wir nicht isoliert von diesem Leben existieren können.

Als Eltern aber sollten wir versuchen, unseren Kindern von Anfang an einen kritischen und verantwortungsbewußten Umgang mit den elektronischen Medien beizubringen. Notfalls dürfen wir uns auch nicht scheuen, den Gebrauch der Medien zu dosieren oder gar von Fall zu Fall kategorisch zu verbieten.

Ausblick

Endlich ein Teenager

Nachdem wir uns all diese Veränderungen der Kinder angesehen haben, ist es schwer verständlich, wie man der Auffassung sein kann, in diesen Jahren passiere nichts. Weil Sie nun über diese vielfältigen Veränderungen Bescheid wissen, werden Sie Ihre Kinder im Wachstumsprozeß besser verstehen. Und Sie werden zu der Überzeugung gelangt sein, daß Sie sich heute an Ihren Kindern erfreuen sollten, weil sie sich morgen schon verändert haben werden und das Heute unwiederbringlich vorüber ist.

Sie haben ein gutes Fundament gelegt

Nachdem Sie die aufregenden Jahre von den ersten Schultagen bis zur Entscheidung über den weiteren schulischen Werdegang hinter sich haben, sehen Sie sich nun den Teenagerjahren gegenüber. Und nicht wenige Eltern befürchten, daß ihnen das Schlimmste jetzt noch bevorsteht. Sicher, dieses Jahrzehnt wird stürmisch und nicht reibungslos verlaufen, doch in den vergangenen Jahren haben Sie ein Fundament gelegt, auf das Sie bauen können und das die Entwicklung Ihrer Sprößlinge bis zum Erwachsenen hin gut tragen wird.

Haben Sie Vertrauen in die Entwicklung Ihrer Kinder

Sie werden dafür natürlich all Ihre Liebe, Ihre Ehrlichkeit, Ihr Vertrauen und Ihre Geduld benötigen. Leider geraten nicht wenige Eltern angesichts der jetzt noch anstehenden physischen und psychischen Veränderungen ihrer Kinder in Panik. Sie sehen diese Veränderungen nicht (wie bisher) als natürliche Fortentwicklung auf dem Weg in die Unabhängigkeit an, sondern als Abweichung vom rechten Weg.

Sie ziehen die Zügel scharf an und werden strenger. Die Jugendlichen rebellieren gegen diese Einschränkung. Die Eltern ziehen den Kreis noch enger. Und ein „Teufelskreis" des Mißtrauens, der Mißverständnisse und der Abneigung kann entstehen.

Auch die Kinder haben zu kämpfen

Dabei sind gerade die Teenagerjahre für die Kinder selbst alles andere als einfach. Sie haben es mit gewaltigen Veränderungen in ihrem Körper zu tun, die ihnen peinlich sind oder sie verwirren. Menstruation und nächtliche Samenergüsse können zu psychischen Problemen führen, wenn sie unvorbereitet auftreten

Außerdem haben sich die Kinder innerlich mit neuen ihnen noch unbekannten Gefühlen und Gedanken auseinanderzusetzen. Denken Sie an Ihre eigene Jugend zurück und erinnern Sie sich, wie Sie sich selbst damals fühlten. Waren Ihnen Ihre Eltern eine Hilfe in dieser Zeit? Wenn ja, versuchen Sie es auf gleiche Weise mit Ihren Kindern. Fühlten Sie sich alleingelassen? Dann versuchen Sie, Ihren Kindern mehr Hilfe und Verständnis anzubieten, selbst wenn Sie noch gar nicht genau wissen, wie.

Werden Sie jetzt zu Partnern Ihrer Kinder

Als Ihre Kinder fünf Jahre alt wurden, entdeckten sie, daß Sie, ihre Eltern, nicht allwissend sind (wie sie zuvor angenommen hatten). Es hat also wenig Zweck, nun in den Teenagerjahren wieder die Allwissenden zu spielen. Besser ist, zuzugeben, daß Sie wenig Erfahrung (außer der eigenen)

mit den Problemen von Jugendlichen haben, daß Sie aber bereit sind zu helfen, um gemeinsam die Probleme zu bewältigen. Auf diese Weise können Sie zu Partnern Ihrer Kinder werden, eröffnen Sie einen Kommunikationsaustausch und ermöglichen Sie es Ihren Kindern, mit ihren Problemen an Sie heranzutreten.

Lassen Sie Ihre Kinder mitentscheiden

Nicht wenige Eltern, die sich selbst den Verhaltensnormen ihres sozialen Umfeldes unterwerfen, machen sich über dasselbe Verhalten ihrer Sprößlinge in deren sozialem Umfeld lustig (und verlangen manchmal gar, daß sich die Kinder von den Symbolen ihrer Jugendkulturen distanzieren).

Auch Jugendliche wollen dazugehören und möglichst genauso aussehen wie die anderen. Wenn Sie sich Sorgen machen, daß Ihre Kinder von ihren Freunden auf den falschen Weg gebracht werden, äußern Sie diese Bedenken. Aber verbieten Sie nicht einfach den Umgang mit den Freunden, sondern stellen Sie Ihre Kinder in die Verantwortung, kritisch das Verhalten ihrer eigenen Gruppe zu beurteilen – auch das ist ein wichtiger Lernschritt auf dem Weg zu Autonomie und Individualität.

Bleiben Sie offen für andere Träume

Anstatt Ihre Vorstellungen, Ihre (vielleicht unerfüllten) Träume und Ihre Disziplin den Kindern aufzuzwingen, sollten Sie – auch in schwierigen Phasen – versuchen, eine Atmosphäre zu schaffen, die offen ist für andere Vorstellungen und für andere Träume und in der die Kinder die nötige Selbstdisziplin lernen können. Auf diese Weise werden Ihre elterlichen Bemühungen am ehesten von Erfolg gekrönt sein, und Ihre Kinder werden zu jenen freien, glücklichen und schöpferischen Erwachsenen heranwachsen, wie Sie es sich von Anfang an erwünschten.

Lesehinweise

Steve Biddulph, Das Geheimnis glücklicher Kinder. München 1994

Françoise Dolto, Wenn die Kinder älter werden. Alltagsprobleme in Schule, Freizeit und Familie. Weinheim 1989

Rudolf Dreikurs/Erik Blumenthal, Eltern und Kinder – Freunde oder Feinde? München 1992

Rudolf Dreikurs/Loren Grey, Kinder lernen aus den Folgen. Erziehen ohne zu schimpfen und strafen. Freiburg 1991

Rudolf Dreikurs/Vicky Soltz, Kinder fordern uns heraus. Wie erziehen wir zeitgemäß? Stuttgart 1993

Thomas Gordon, Familienkonferenz. Lösung von Konflikten zwischen Eltern und Kind. Hamburg 1972

Thomas Gordon, Die neue Familienkonferenz. Kinder erziehen, ohne zu strafen. Hamburg 1993

Helga Gürtler, Kleine Haken im Familienalltag. Konflikte erkennen und daraus lernen. München 1993

Irmgard Haas, Andere Kinder dürfen alles. Praktische Ratschläge für die Erziehung von 3–11. München 1990

Werner Haas, Partnerschaft mit Kindern. Ein Ratgeber für den Erziehungsalltag. Hamburg 1990

Werner Paul Mayer/Georg Seter, Computer-Kids. Ravensburg 1994

Luise Merkens, Aggressivität im Kindesalter und Jugendalter. Ausdrucksformen, Interventionen. München 1993

Gisela Preuschoff/Axel Preuschoff, Gewalt an Schulen. Und was dagegen zu tun ist. Köln 1994

Vera Rosival, Hyperaktivität natürlich behandeln. München 1993

Raimund Schmid/Ines Engelmohr/Katharina Maidhof-Schmid, Eltern-Selbsthilfe-Gruppen, Kranke Kinder + Aktive Eltern. Ein bundesweiter Wegweiser. Lübeck, Berlin, Essen, Wiesbaden 1992

Ute York: Nachschlagen statt zuschlagen. Erziehungsfragen auf einen Blick. Von Aufräumen bis Zündeln. München 1994

Anhang

Deutschland

Bundesverband Legasthenie (BVL) e.V.
Königstraße 32,
30175 Hannover
Tel.: 05 11/85 34 65

Arbeitskreis Überaktives Kind e.V., Beratungsstelle
Dieterichsstraße 9
30159 Hannover
Tel.: 05 11/363 27 29

Kinderschutzzentrum des Deutschen Kinderschutzbundes
Ortsverband München e.V.
Familien- und Erziehungsberatungsstelle
Pettenkoferstraße 10
80336 München
Tel.: 0 89/55 53 56

Kinderzentrum München
Heiglhofstraße 63
81377 München
Tel 0 89/71009-0

Deutsche Gesellschaft für das hochbegabte Kind e.V.
Beratungsstelle
Moorweidenstraße 7
20148 Hamburg
Tel.: 0 40/44 62 50

Bundesgeschäftsstelle Lernen fördern
Bundesverband zur Förderung Lernbehinderter e.V.
Rolandstraße 1

50677 Köln
Tel.: 02 21/39 96 66

Beratungsstelle für Neue Technologien am Landesinstitut für Schule und Weiterbildung
Paradieser Weg 64
59494 Soest
Tel.: 0 29 21/68 31

Schweiz

Schweizerischer Kinderschutzbund
CH-3000 Bern
Tel.: 31/8 39 66 88

Österreich

Kinderschutzzentrum Graz
Mandellstraße 18/2
A-8010 Graz
Tel.: 3 16/ 83 19 41

Kinderschutzzentrum Kärnten
Lidmanskygasse 20
A-9020 Klagenfurt
Tel.: 463/ 567 87

Register

Weitere Bücher zum Thema Kinder aus unserem Verlagsprogramm:

Anne Hillis, Penelope Stone
Von der Muttermilch zum Kindermenü
Einfach-praktische Ernährungstips und Rezepte
192 S., ca. 35 farbige Ill., Pb, 15 x 23 cm
24,80 DM, 25,80 SFr, 194 ÖS
ISBN 3-89530-002-0

Steve Biddulph
Das Geheimnis glücklicher Kinder
Was Kinder wirklich bewegt
200 S., ca. 77 farbige Ill., Pb, 15 x 23 cm,
24,80 DM, 25,80 SFr, 194 ÖS
ISBN 3-89530-000-4

Howard Chilton
Babys – Wunderwerk von Kopf bis Fuß
Die ersten Monate
232 S., ca. 46 Ill., Pb, 16,4 x 24 cm
ca. 24,80 DM, 25,80 SFr, 194 ÖS
ISBN 3-89530-004-7